복 있는 사람

오직 여호와의 율법을 즐거워하여 그 율법을 주야로 묵상하는 자로다.
저는 시냇가에 심은 나무가 시절을 좋아 과실을 맺으며 그 잎사귀가 마르지 아니함 같으니
그 행사가 다 형통하리로다. (시편 1:2, 3)

마틴 로이드 존스의 첫 목회지였던 베들레헴 포워드 무브먼트 교회.
흔히 "샌드필즈"라 불렸다.

1933년 휴가 때, 펨브로크셔의 쿰리에글루이스에서 마틴 로이드 존스 가족.

엘리자베스와 베단 로이드 존스.

라넬리에서 엘리자베스.

랭게이토를 방문한 형제 모임.

베단 로이드 존스가 맡았던 샌드필즈 교회의 주일학교 여자 청년반.

"완벽한 낚시꾼."

나이아가라 폭포에서 왱글랜드 가족과 함께.

아기 곰이 음료수를 더 달라고 조르고 있다.

호수 지방으로 낚시 여행 중인 마틴.

토론토에 자리한 셀본 스트리트 교회.

캐나다에서 마틴 로이드 존스 가족.

샌드필즈의 추억

Bethan Lloyd—Jones
Memories of Sandfields

샌드필즈의 추억

베단 로이드 존스 지음 | 전의우 옮김

복 있는 사람

샌드필즈의 추억

2014년 11월 10일 초판 1쇄 인쇄
2014년 11월 17일 초판 1쇄 발행

지은이 베단 로이드 존스
옮긴이 전의우
펴낸이 박종현

도서출판 복 있는 사람
주소 서울특별시 마포구 연남동 246-21(성미산로23길 26-6)
전화 02-723-7183, 7734(영업·마케팅) 팩스 02-723-7184
이메일 blesspjh@hanmail.net
등록 1998년 1월 19일 제1-2280호

ISBN 978-89-6360-145-8 03230

이 도서의 국립중앙도서관 출판예정도서목록(CIP)은
서지정보유통지원시스템 홈페이지(http://seoji.nl.go.kr)와 국가자료공동목록시스템(http://
www.nl.go.kr/kolisnet)에서 이용하실 수 있습니다. (CIP 제어번호: 2014031915)

| 차례 |

│ 이 책을 다시 내면서

이 생생한 이야기는 1983년에 처음 출판되어 널리 사랑받았다. 독자들이 흠뻑 빠져 아주 즐겁게 읽었다고 했고, 1927년부터 1938년까지 마틴 로이드 존스 박사가 에버라본(흔히 "샌드필즈"로 알려져 있다)Aberavon에 자리한 베들레헴 포워드 무브먼트 교회 Bethlehem Forward Movement Church에서 했던 목회를 새로운 시각으로 그려 놓았다는 평을 받았다.

이안 머레이Iain H. Murray가 쓴 『로이드 존스 평전 1 초기 40년 (1899-1939)』D. Martyn Lloyd-Jones: The First Forty Years, 1899-1939 (Edinburgh: Banner of Truth, 1982)을 읽은 독자라면 로이드 존스 부인이 소개하는 잊지 못할 사람들을 이미 만났을 테고, 어떤 면에서 이 책은 그『평전』의 부록, 로이드 존스의 첫 목회를 가장 가까이서 지켜보고 함께했던 관찰자의 기록이라 해도 좋겠다.

직접적으로든, 아니면 책이나 녹음된 설교를 통해서든 간에, 로이드 존스의 목회에서 유익을 얻은 사람이라면 누구라도 어떻게 "세상에서 가난하지만 믿음이 부요한" 자들이 하나님께서 "자기를 사랑하는 자들에게 약속하신 나라의 상속자들이" 되는지를 들려주는(약 2:5 참조) 생생한 이야기에 흠뻑 빠질 것이다.

2008년 5월

Banner of Truth 출판인

1

50년／전

1926년 12월, 그의 스물일곱 번째 생일에 마틴 로이드 존스는 의사의 길에서 완전히 돌아섰다. 런던 대학 의학박사 학위 M.D.와 왕립 의과대학 회원자격M.R.C.P.을 내려놓았고,[1] 함스워스 Harmsworth 가족이 후원하는 세균성 심장 내막염Bacterial Endocarditis 연구에서도 손을 뗐다.[2] 굴곡이 많은 격변의 한 해였다. 1925년, 마틴은 목회가 자기 소명이라는 판단은 실수였다는 쪽으로 거의 기울었고, 그래서 자신의 연구와 의사 자리로 되돌아갔었다. 그러나 1926년, 목회 소명은 거부하지 못할 만큼 강하고 끈질기게 되살아났다. 그 자신도 거부하고 싶지 않았다.

그의 결심이 알려지자, 동료 의사와 가족은 물론 친구부터 담임목사까지 하나같이 그를 단념시키려고 애를 썼다.[3] 그런데 눈에 띄는 예외가 있었다. 누군가 그에게 보내 준 「존 벌」John Bull이란 주간 신문이었다. 기사는 '수술대에서 강대상으로'From palpitations to pulpitations라는 제목 아래, "명석하고 젊은 심장의心腸醫 닥터 로이드 존스가……"로 시작해 "닥터 로이드 존스에게 경의를 표한다"로 끝났다.

이 모두는 우리가 1914년에 처음 만난 지 12년 후에 일어난 일이었다. 1914년 늦여름, 어느 주일 저녁이었다. 나는 채링 크로스 로드 웨일스 채플Charing Cross Road Welsh Chapel에서 가족과 함께 늘 앉는 자리에 앉았다. 그런데 바로 앞줄에 처음 보는 가족이 앉아 있었다. 한쪽에는 몸이 약간 뚱뚱하지만 멋진 잿빛 곱슬머리의 아주 잘생긴 신사가 자리했다. 곁에는 그의 아내가 앉았는데, 맵시 있게 차려 입었고 남편보다 훨씬 젊어 보였다. 그 옆에는 사내아이 셋이 나란히 앉아 있었다. 엄마 바로 곁에 앉은 막내는 이튿칼라가 코트 밖으로 나와 있었다. 중간에 앉은 아이는 조금 말랐고, 검은 생머리를 옆으로 가지런히 빗어 넘긴 모양새였다. 그리고 맨 끝에 앉은 아이는 아버지를 쏙 빼다 박았다. 애프터 미팅 after-meeting[4] 시간에 이 가족의 이명移名 서류가 낭독되었고, 이들은 우리 교회 교인으로 받아들여졌는데, 알고 보니 랭게이토Llangeitho 에서 이사 온 로이드 존스 가족이었다.[5]

세 사내아이는 해롤드Harold, 마틴Martyn, 빈센트Vincent였는데, 15세, 14세, 12세였다.[6] 이것이 우리의 첫 만남이었다. 그때는 꿈에도 생각하지 못했지만……![7]

마틴과 나는 1926년 6월에 약혼했다. 마틴이 의사 자리를 내려놓기로 결정한 후 숱한 어려움이 따랐고, 나로서는 곁에서 그 어려움을 함께 나눌 수 있어 자랑스러웠다. 1926년 12월, 그가 헤쳐 나가던 폭풍우가 잦아들었고, 사람들은 그를 아무리 반대하고 설득해 봐야 아무 소용이 없다는 것을 알았다. 우리는 1927년 1월에 결혼했고, 짧은 신혼여행을 다녀오고 한 차례 독감(!)을 앓은 후 2월에 사우스웨일스[8]의 에버라본으로 향했다.[9] 그곳이 우리 부부의 첫 정착지였고, 남편의 첫 목회지였다.

기차에서 내리던 순간이 기억난다. 이슬비가 부슬부슬 내렸고, 교회에서 마중 나온 두세 사람이 우리를 맞더니 재빨리 롭슨 Robson 부부 집으로 안내했는데, 롭슨 부부는 우리를 더없이 따뜻하게 맞아 주었다. 목사관이 준비될 때까지, 우리는 롭슨 부부 집에서 일주일을 머물렀다.[10] 그때를 돌아볼 때면, 롭슨 부인이 보여준 가슴 뭉클한 친절에 깊은 감사를 느낀다. 부인은 진정으로 "이스라엘의 어머니" 같았다(삼하 20:19 참조).

당시 에버라본은 대공황으로 고통을 겪기 시작했다. 램지 맥도널드 Ramsay MacDonald[11]는 대단한 영웅으로 추앙받았으나, 1-2년 후면 환상이 깨지고 그의 숱한 사진이 벽면을 향하거나 쓰레기통에 처박힐 터였다. 거리 모퉁이마다 학교를 졸업하고 4-5년이 지나도록 하루 일거리조차 구하지 못한 젊은이로 넘쳐 났다. 공황의 어두운 공기가 지역 전체를 뒤덮었다.

베들레헴 포워드 무브먼트 교회 Bethlehem Forward Movement Church[12]는 흔히 교인들에게 "더 포워드"the Forward, 또는 "샌드필즈"Sandfields로 알려졌는데, 시내에 자리한 장로교회의 선교 교회ᵃ Mission 또는 "자녀 교회"daughter church였다. 모교회는 위원회committee 대표들을 두었는데, 샌드필즈에서는 이 위원회가 집사회diaconate 역할을 했다. 교회는 빚도 꽤 많았으나 교인은 얼마 되지 않았다. 교인 명부를 살펴보았더니 90명 정도였다. 이들은 따스하고 다정다감하며 적잖게 친절한 사람들이었다. 이들은 우리를 위해서라면 무슨 일도 크게 여기지 않았으며, 이들과 우리 사이에 절대 끊지 못할 유대 관계가 형성되었다. 11년 반 동안 지속된, 행복하고 풍성했던 샌드필즈 생활은 이렇게 시작되었다. 그 시절을 돌아볼 때마다 하나님께 감사한다. 덧붙이자면, "자녀 교회"는 곧 성인이 되어 독립했고 빚도 다 갚았다.

그 시절을 되돌아보고, 남편이 처음 목회를 시작하던 때를 되돌아보노라면, 도드라지게 살아나는 기억들이 있다. 독자들이 그 의미를 알 수 있도록, 먼저 1920-1930년대에 매우 일반적이었던 종교적 분위기를 이야기해야겠다. 젊은이들을 상대하는 선교사들과 전도자들과 사역자들은, 십대 시절에 회심하지 않으면 젊은이들이 회심할 가능성이 거의 없다고 했다. 사람들은 이런 말을 너무 자주 들어서인지 이런 정서를 널리 받아들이고 있었다.

정작 나 자신은 이런 정서에 조금 둔감했다. 기독교 가정에 태어나 유아세례를 받았고, 12세에 입교 의식(견진성사)을 거쳐 교회 구성원이 되었기에, 내게 달리 무엇이 더 필요한지 알지 못했다는 뜻이다. 나는 하나님을 두려워했고, 죽음을 두려워했으며, 이 때문에 악罪을 피했다. 나는 모든 "그리스도인"이 해야 하는 의무를 다하려 노력했다. 이를테면 교회에 꼬박꼬박 출석했고, 성경을 하나님의 말씀으로 받아들였다. 그러나 마음에 평화나 기쁨이 없었고, 복음이 주는 영광스런 자유도 알지 못했다.

에버라본 시절 초기, 회심하는 사람들을 보노라면 기뻤다. 술주정뱅이를 비롯해 악하게 살던 사람들이 회심했다. 형태도 가지

각색이었고, 배경뿐 아니라 나이도 저마다 달랐다. 이들을 보노라면 즐거웠고, 부럽기까지 했다. 이들의 빛나는 얼굴과 변화된 삶을 보노라면, 나도 술주정뱅이였거나 그보다 못한 사람이었다면 회심의 기쁨을 맛볼 수 있었으리라는 생각이 이따금 들기도 했다. 나는 언제나 "그리스도인"이었기에 내게 회심이 필요하다거나 내가 이미 얻은 것들 외에 달리 무엇을 더 얻을 수 있다고는 꿈에도 생각지 못했다. 에버라본 시절의 처음 2년 동안, 하나님은 마틴의 주일 아침 설교를 은혜롭게 사용하셔서 나의 눈을 열어 나 자신과 나의 필요를 보게 하셨다. 나는 알게 되었다. 나는 죄를 용서받았고, 마음에 하나님의 평화가 깃들었다.

나이 제한 같은 건 없었다. 나이는 중요하지 않았다. 교회가 성장하면서, 십대의 조지 설리번Georgie Sullivan부터 인생의 종착역이 가까운 "늙은 아기들"elderly babes까지, 우리는 모든 연령이 뒤섞인 한 가족이었다. 이들은 우리의 가족이었고, 우리도 이들에게 가족으로 받아들여졌다.

이들의 삶을 되돌아보면, "말하려면 내게 시간이 부족하리로다"라고 했던 히브리서 기자의 심정이 이해된다(히 11:32). 우리 눈으로 보았던 놀라운 일들, 온갖 부류의 사람들과 그들이 처했던 환경을 일일이 다 열거하기란 불가능하다. 그래서 내가 늘 말하고 싶었던 일로 범위를 좁히려 한다. "늙은 아기들", 특히 이런저런 이유로 내가 가장 잘 알았던 사람들의 이야기를 여기에 소개하겠다. 이들의 삶은 말 그대로 하나님의 은혜를 인생의 어느 시기로 제한하는 것은 잘못이라고 오금을 박았다.

이런 도드라진 기억들 외에, 샌드필즈 생활의 몇몇 특징, 주중 기도 모임, 교제 모임, 매년 성령강림절 월요일에 열렸던 주일학교 퍼레이드도 꼭 소개해야겠다.

그러나 이런 주제로 넘어가기 전에, 조지 설리번의 이야기부터 하고 싶다. 조지는 어린 나이에 세상을 떠났다. 하지만 그의 이야기는 하나님 나라의 일에서 나이는 전혀 중요하지 않음을 생생히 보여주었다. 조지는 부모님이 각각 스코틀랜드와 북아일랜드 출신이었으며, 훌륭하고 견실한 가정에서 태어나고 자랐다. 부모님과 누나들은 신실한 교인이었고, 그도 주일학교와 각종 모임에 빠짐없이 참석했다. 당시 조지는 열다섯 살이었고 학교에서도 총명했으며, 실제로 아주 멋진 소년이어서 또래에게 인기가 좋았다.

그런데 느닷없이 조지가 아프다는 소식이 들렸다. 일주일 사이에 그가 얼마나 아픈지 모두가 알게 되었다. 악성 폐결핵이었다. 물론, 당시로서는 모두가 알았듯이 희망이 없었다. 획기적인 치료제가 발명되기 전이었다. 우리는 뜨겁게 기도했지만 조지의 상태는 좋아지지 않았다.

어느 토요일 밤, 박사Doctor(웨일스는 물론이고 나중에 런던에서도 목회를 하는 내내, 'Dr Lloyd-Jones'는 친근하게 "the Doctor" 또는 간단하게 "Doctor"라고 널리 불렸기에, 이것이 사실상 그의 별명이 되었다)는 형제 모임—토요일 저녁 형제 모임Saturday-night Brotherhood—을 마치고 아주 늦게야 돌아와서 깜짝 놀랄 이야기를 들려주었다. 그가 예배당을 막 나서려 할 때, 조지가 그를 애타게 보고 싶어 하니 꼭 들러 달라는 전갈이 왔다. 그는 조지의 집으로 달려갔다. 조지는 침대에 누워 있었다. 전형적인 소모열 홍조(열 때문에 얼굴이 붉어지는 현상)hectic flush가 보였으나 두 눈은 영롱하게 반짝였다. 조지는 매우 가쁘게 숨을 몰아쉬며 말했다.

"박사님, 다 말해 주세요. 앉아서 들을게요. 그게 옳다는 거 알아요. 하지만 이해를 못하겠어요. 제가 어떻게 해야 하는지 모르겠어요."

박사는 조지에게 구원의 길을 간단하고 분명하게 다시 들려주었다.

"네가 하나님을 슬프게 했던 모든 일 때문에 가슴이 아프니? 그렇다면, 하나님께 그렇다고 말씀드리고 용서를 구해야 한단다. 그러면 하나님께서 용서해 주실 거야. 주 예수 그리스도께서 십자가에서 네 모든 죄값을 이미 다 지불하셨기 때문이란다. 네 죄는 영원히 지워질 테고, 너는 하나님 앞에 설 수 있게 된단다. 네가 용서받았고 영광에 들어갔다는 걸 알게 될 거란다."

조지는 놀란 표정을 지으며 말했다.

"박사님, 정말로 그게 복음의 전부예요?"

조지의 눈이 뜨였다. 그리고 그날 밤, 그는 마음에 완전한 평안과 기쁨을 간직한 채 세상을 떠났다. 열다섯 살이나 그 아래든, 여든 살이나 그 위든, 몇 살이든 상관없다. 나이는 장애물이 아니다.

2

주중 / 저녁 / 모임

교회 기도회Church Prayer Meeting는 매주 월요일 저녁 7시에 열렸다. 한두 해 지나자 늘 많은 사람들이 참석했는데, 보통 200-300명 정도였다.

로이드 존스 박사는 기도회 첫머리에 한 사람을 지명해 성경을 한 군데 읽고 기도하라고 했다.[13] 그러고 나면 찬송을 한 곡 부른 후 기도회가 "열렸다." 아무에게도 기도를 강요하거나 요청하지 않았다. 박사는 우리가 겸손하게 기대하면 성령께서 감동과 자극을 주신다고 믿었다. 30분이나 45분쯤 지나고 기도가 끊어진다 싶으면, 박사가 찬송을 한 곡 불렀다. 그러면 기도는 다시 시작되어 30분 정도 계속되다가 그쳤다. 그러나 그때라도, 힘차게 기도하거나 머뭇거리던 사람들이 정말로 기도하고 싶은 경우를 위해 늘 몇 분간 기다려 주었다.

이런 모임은 말로 표현 못할 만큼 복되었다. 뜨겁고 진지했으며, 이따금 천국 문에 들려 올라가는 느낌이었다.

어느 저녁 기도회 시간에, 박사는 해리 우즈Harry Woods에게 첫 순서(성경 읽기와 기도)를 맡겼다. 우즈는 60대였고, 추측컨대 과거에 반듯하고 부지런한 보통 사람의 생활에서 확실히 돌아서 있었으며, 영적인 일에는 그다지 관심이 없었다. 그러나 예수 그리스도의 복음을 통해 자신에게 주어진 게 무엇인지 깨닫자 그것을 붙잡았고, 거기에 자신을, 자신의 전부를 드렸다.

우즈는 말없이 두드러졌다. 그의 이야기를 내 주제에 맞게

쓸 수 있으면 좋겠다. 하지만 나는 결코 그를 충분히 알지 못했다. 그는 수줍음이 많았고, 동네에서 반대편 끝에 살았다. 그러나 우즈는 박사에게 말을 걸었고, 그에게 마음을 열었으며, 특히 토요일 밤에 형제 모임이 끝난 후 그렇게 했다.

우즈는 대부분의 사람들과 달랐다. 그는 그림과 이야기에서 모든 것을, 가장 평범한 일상까지도 보는 것 같았고, 이것들에 대한 그의 설명은 매우 감동적이었다.

에버라본 해변에 낡은 난파선이 한 척 있었다. 오래전, 작은 석탄 운반선이 부두로 들어오지 못한 채 밤에 폭풍우가 몰아쳤으며, 안타깝게도 배는 선창에서 가까운 모래톱에 처박혔다. 난파선은 그야말로 멋진 풍경을 해치는 옥에 티였다. 그러나 아무도 그 난파선을 애써 치워야 한다고 생각지 않았다.

해리 우즈는 심장병을 앓고 있는 터라 일을 하지 못했다. 어느 날, 우즈는 해변을 걷다가 걸음을 멈추고 흉물스런 난파선을 쳐다보았다. 잠시 후 그의 눈에 보이는 것은 난파선이 아니었다. 추하고 더러운 자신의 마음과 죄로 가득한 옛 생활이었다. 우즈가 눈물까지 흘리며 바라보고 있을 때, 날랜 파도가 밀려왔다. 순간, 난파선이 파도에 덮이더니 시야에서 완전히 사라졌다. 우즈는 보았다. 난파선을 덮은 파도가 아니라 "그의 모든 허물을" 덮은 그리스도의 보혈을! 그가 어느 토요일 밤에 박사에게 들려준 여러 이야기의 전형이었다.

고난 주간이면 금요일 아침마다 기도회를 열었는데, 특히 기억나는 기도회가 있다. 아주 뜨겁고 남다른 기도회였다. 아무도 시간 가는 줄 몰랐고, 아무도 기도회가 끝나길 바라지 않는 것 같았다. 마침내 기도회가 끝나고, 박사가 입구에 서서 돌아가는 사람들과 악수를 나누었다. 해리 우즈가 나오더니 박사와 악수하며 말했다.

"박사님, 오늘 큰 실망을 안고 집에 돌아갑니다."

박사는 귀를 의심했다.

"형제님, 왜 그런 말씀을 하세요? 기도회가 마음에 들지 않으셨……."

우즈는 박사의 말을 가로막으며 말했다.

"박사님, 기도회를 마치고 곧바로 천국으로 직행하고 싶었는데, 그렇게 되지 않았어요. 그래서 이제 집에 돌아갑니다. 그러니 어떻게 실망이 되지 않겠어요."

그로부터 한 해 남짓 흘렀다. 정기적으로 모이는 월요 저녁 기도회 중이었고, 박사는 해리 우즈에게 기도회 시작 순서를 부탁했다. 우즈가 성경을 읽을 때, 말씀이 살아났다. 우즈는 성경을 다 읽은 후 기도했다. 마치 우리를 천국 문 앞에 인도하는 것 같았다. 우즈가 기도를 끝내고 자기 자리로 돌아가 앉았을 때, 일종의 경외감이 우리를 덮었다.

다른 사람들이 기도하기 위해 다시 머리를 숙였다. 그때, 휘

파람소리 같은 이상한 숨소리가 들렸다. 소리는 점점 커지더니 잠잠해졌다. 고개를 들고 둘러보니 건장한 두 형제가 쓰러진 우즈를 부축하고 있었다. 두 형제는 우즈를 사무실로 옮겼다. 박사가 뒤따라 나갔고, 우리는 그 자리에 얼어붙어 꼼짝을 못했다. 박사가 돌아와 해리 우즈 형제가 영광스런 영원한 고향으로 돌아갔다고 했다. 아무도 놀라지 않았다. 해리 우즈는 자신이 기도한 대로, 이미 그곳에 가 있었다.

박사와 우리는 함께 기도했고, 직접 보고 듣고 느낀 모든 일에 대해 하나님께 감사하며, 놀라면서도 차분한 마음으로 집에 돌아갔다.

박사는 기도회 때 되도록이면 끊지 않는 것이 옳다고 믿었다. 아주 이따금, 박사는 기도회의 목적을 일깨우곤 했다. 지나치게 개인적인 기도를 해서는 안 되고, 기도하는 사람은 누구든지 모든 회중을 은혜의 보좌로 이끌고 있음을 기억하라고 했다. 박사는 공적인 기도회에서 애매모호한 말을 하지 말고, 하나님께 "제가 어제 만났던 사람이 큰 어려움을 겪고 있으니 그 사람을 도와주십시오"라는 식으로 구하지 않는 게 좋다고 말하면서 반쯤은 죄스런 미소를 지었다. 그는 이렇게 말하곤 했다. "그런 기도를 하지 않으시는 게 좋습니다. 그렇게 기도하면, 사람들이 기도에 집중하지 못하고, 그 사람이 누구인지 궁금해 마음이 싱숭생숭해집니다."

때때로, 자주는 아니고 우리가 잊고 있다고 생각될 때 이따금, 박사는 길게 기도하지 말라고 말하곤 했다. 많은 사람들이 기도하길 원했고, 따라서 시간을 이기적으로 사용하지 말아야 했다. 실제로 시의적절한 지적이었다. 기도회에서 서른 명, 때로는 더 많은, 혹은 더 적은 사람들이 공적으로 기도하는 경우가 드물지 않았기 때문이다.

기억에 또렷한 다른 기도회도 있었다. 모일 때마다 우리는 주님이 그곳에 계신다고 믿었다. 주님께서 "두세 사람이 내 이름으로 모인 곳에는 나도 그들 중에 있느니라"라고 약속하지 않으셨던가?(마 18:20) 우리는 이것을 믿었다. 그러나 우리가 그 자리에 주님이 계신다는 것을 정말 알았던 모임이 두세 차례 있었다.

해리 우즈 형제가 세상을 떠난 날 밤이 그 가운데 하나였다. 그날, 그곳에 하나님이 임재해 계신다는 놀라운 느낌이 우리를 감쌌고, 모두 시간 가는 줄 몰랐다. 하나님께서 그분의 백성에게 천국의 맛보기를 보여주셨고, 영적 세계는 더없이 생생했다.

교제 모임은 수요일 밤마다 열렸는데, 예배당은 늘 가득 들어찼다. 박사는 누군가에게 찬송과 성경낭독과 기도로 모임을 시작해 달라고 부탁하곤 했다. 그러고 나면 함께 토론하고 싶은 질문이나 문제가 있느냐고 물었다. 박사는 흔히 토론을 시작할 때 이렇게 말했다. "누구라도 좋습니다. 나누고 싶은 경험이나, 묻고 싶은 질문이나, 토론하고 싶은 문제가 있습니까?" 초반에는 토론이 시작되지 않을 때가 많았다. 그러면 박사는 자신이 짧게 대답하고, 다른 질문들을 하곤 했다.

교제 모임에서 박사는 순전히 신학적인 질문만 받지는 않았다. 교제 모임에서는 그리스도인의 삶과 관련된 문제를 늘 다뤄야 했다. 일단 이와 관련된 질문이 나오면, 박사는 그 질문을 토론 주제로 받아들이고, 의자에 깊이 앉아 "여러분은 이 문제를 어떻게 생각하세요?"라고 말하곤 했다. 박사가 질문을 하나 던지고, 관련된 폭넓은 문제로 주제를 확대해 가며, 핵심을 제시하고 생각을 나누며, 해답을 주거나 성경을 인용하면서 한 시간에서 한 시간 반 정도 토론을 이끌어 갈 때가 많았다.

전체 회중이 한 가지 문제나 질문을 논리적으로, 그리고 성경적으로 생각하고 가늠하며 다루는 모습은 아주 인상적이었다. 컨퍼런스나 이와 동일한 형태의 모임에 참석할 때면, 수요일 밤마다 우리에게 일어났던 일들이 생각났다. 차이는 흥미롭고도 시사하는 바가 적지 않았다.[14]

거듭거듭, 여러 모임에서 매우 재미있는 말 끊기가 일어나곤 했는데, 그 상황은 언제나 말하는 사람들보다 듣는 사람들을 즐겁게 했다. 자기주장이 확고한 어느 형제가 일어나, 확실하지 않은 사실로 의견을 표현하면서 조금은 제멋대로이거나 독단적으로 말하고는 자리에 앉았다. 그러면 박사는 "형제님, 잠시만요……"라며 아주 부드럽게 말했다. 그러면 불쌍한 형제는 다시 일어나 조금 전에 했던 말을 합리적으로, 사실을 토대로, 또는 성경을 근거로 설명해야 했다. 이렇게 그 형제가 그저 말만 해서는 안 된다는 것을 깨달았을 때, 사람들은 그의 표정—쫓기는 듯한 표정—을 보면서 늘 티 나지 않게 웃었고 자신들은 다 안다는 표정을 지었다.

토론을 마칠 때, 박사는 10-15분 정도 의견을 잘 종합해서 요약해 주었다. 많은 사람들이 토론 시간을 줄이고 요약 시간을 늘리길 바랐다! 그러나 박사는 무엇이 우리에게 좋은지 알았기에, 이 제안을 귓등으로도 듣지 않았다!

이렇듯 우리는 배우는 줄도 모른 채 배우고 있었고, 모두 이것을 좋아했다.

3

교회의／여자들

50년이 지난 지금 그 시절을 되돌아보노라니, 나 자신에게 놀라지 않을 수 없다. 나로서는 처음 에버라본에 갔을 때 아무 거리낌이나 불안감도 없었기 때문이다. 그곳에서 내가 차지할 위치를 전혀 생각해 보지 않았다. 지금 생각해 보더라도, 그것은 자신감이 아니었다. 무지無知였다.[15]

우리가 자리를 잡고 소개식(환영식)이 끝난 직후, 브래들리 부인이 나를 찾아왔다. 브래들리 부인은 샌드필즈 교회 여전도회(자매회)Sisterhood의 부지런한 일꾼이었다. 여전도회는 진정한 선교의 열심을 품은 자매들로 이뤄진 헌신되고 충성스런 모임이었으며, 이들은 노스웨일스와 사우스웨일스, 주로 사우스웨일스에서 탄광 일을 하거나 장사를 하는 남편이나 아들을 둔 아내와 어머니들이었다. 브래들리 부인은 상인과 결혼해 에버라본에 살았고, 집사회 역할을 하는 교회 위원회 위원이기도 했다. 게다가 화요일 오후에 열리는 자매 모임Women's Meeting을 처음 시작한 사람도 브래들리 부인이었다. 그런데 이제 부인이 자매 모임을 목사의 아내인 나에게 넘기려 하는 것이었다!

여기서 상식과 이성이 배려를 이겼다. 나는 브래들리 부인에게 말했다. "이것은 **부인의** 모임입니다." 부인이 시작했고 키워 놓은 모임이었다. 브래들리 부인은 이런 모임을 여러 해 이끈 경험이 있었던 반면, 나는 단 하루도 경험이 없었다. 마땅히 부인이 모임을 계속 이끌어야 했다. 나는 뒤에서 성심성의껏 돕겠다고 했다. 내가 이겼다! 행복한 합의였고, 나는 경험을 쌓게 되었다.

여전도회는 규모가 전혀 크지 않았다. 젊은 여자들과 아가씨들은 대부분 일을 하기에 오후 모임에 참석하지 못했다. 그러나 교제 시간은 따뜻했고, 생명의 말씀이 늘 확실하게 선포되도록 강사를 신중하게 선택했다. 회원들은 잘 어울렸고, 거의 예외 없이 유머 감각이 풍부했다. 이들에게 기독교는 생생하게 살아 있었기에, 믿지 않는 친구들을 데려오는 것을 좋아했다.

내 기억으로 모임이 여러 해 계속되는 중에 어색했던 경우는 딱 한 번이었다. 어느 자매 선교사, 시내에 자리한 자매 교회 교인이 휴가 중이었다. 내가 듣기로, 그 자매는 뛰어난 강사이고 이야기를 멋들어지게 한다고 했다. 그래서 그 자매 선교사를 강사로 초청했고, 그 자매는 어느 날 오후에 와서 간증을 했다. 모든 게 순조로웠다. 자매가 자신의 영적 여정을 들려주다가 느닷없이 이런 얘기를 꺼내기 전까지는 말이다. 자매는 남편과 함께 해외 선교지로 떠나면서 서너 살밖에 안 된 어린 자녀들과 헤어지는 장면을 생생하게 묘사했다. 자매는 그림을 그리듯 말했고, 듣는 이들은 감성적이라고 느꼈다. 정말이지, 자녀와 헤어지는 장면을 가슴이 미어지게 표현했다. 아이들은 엄마 아빠와 헤어지기 싫어 두 팔을 뻗으며 "엄마, 엄마, 가지마!"라며 엉엉 울었고, 그러는 사이에 자매와 남편을 태운 기차는 서서히 멀어졌다. 자매와 남편도 마음이 아팠으나 눈물을 꾹 참았다. 자신들이 주님의 뜻을

행한다고 믿었기 때문이다.

　그러나 반응은 예상과 달랐다. 모두들 표정에서 감정이 드러났다. 얼굴마다, 노골적이지는 않더라도 냉담한 반감이 피어났고, 모임은 누구라도 느낄 만큼 싸늘한 분위기로 끝났다. 몇몇은 집으로 돌아가며 강사에게 고맙다는 말을 건넸으나 전혀 진심이 아니었다. 그런가 하면 어떤 사람들은 이렇게 투덜거렸다. "자녀들 곁에 남아 계셨으면 더 좋지 않았을까요?" "돌보지도 않을 거라면 왜 낳았대요?" "애들이 불쌍해요. 애들이 어떻게 될까요?" 그때 그 자매 선교사가 얼음장 같은 분위기를 느꼈는지는 지금도 잘 모르겠다. 하지만 한 가지는 기억한다. 그때 상황이 참 난처했다는 것이다.

　특별히 친한 사람들도 물론 있었다. 그러나 사람들이 패를 짓는다거나 끼리끼리 어울린다는 느낌은 전혀 없었다. 모두들 하나같이 "별난" 사람들에게 친절했다. 이곳에도 별난 사람은 몇몇 있었다. 과연 별난 사람들이 없는 교회가 있을지 심히 의심스럽다. 교회 말고 다른 곳에서 이처럼 사랑이 넘치는 친절과 끈질긴 인내를 찾을 수 있을까?

　이와 관련해 재미있는 일이 있었다. 자매 모임과는 아무 상관이 없었고, 가련한 사람들과 관련이 있었다. 정신 장애가 심한 애니라는 십대 소녀가 주일 예배에 나오기 시작했다. 애니는 늘 일찍 와서 사람들로 가득 들어찬 1층 중간쯤에 다소곳이 앉았다. 그러다가 어느 시점에서, 거의 언제나 설교 중간에 발작을 일으켰다. 팔과 다리가 제멋대로 뒤틀렸고, 눈동자와 머리가 빙글빙글 돌았으며, 혀가 입 밖으로 나왔다. 어느 모로 보나 전형적인 간질 발작이었다. 건장한 형제 두셋이 애니를 밖으로 데리고 나가야 했다. 현관에 나가면 애니는 점차 회복되었고, 마침내 슬며시 집으로 돌아갔다.

예배 시간에 이런 일이 일어나니, 정말이지 큰일이었다. 하루빨리 해결책을 찾아야 했다. 그런데 어느 수요일 밤, 애니가 교제모임에 나와 맨 앞자리에 앉았다. 탁자 앞에 앉은 박사와는 불과 1-2미터 거리였다.

어김없이, 토론이 시작된 지 10분쯤 지났을 때 심한 발작이 일어났다. 지켜보기에 적잖게 무서웠다. 건장한 형제 두셋이 벌떡 일어나더니 애니에게로 향했다. 바로 그때, 박사가 형제들에게 제자리로 돌아가라고 손짓했다. 이즈음, 불쌍한 소녀는 바닥에서 뒹굴었고 흉측한 발작은 전혀 수그러들지 않았다.

박사는 애니를 주시하며 권위에 찬 목소리로 말했다. "애니, 당장 멈춰요!" 그러자 발작이 멈췄고 애니는 아주 조용해졌다. "이제 일어나 가만히 자리에 앉아 있어요!" 애니는 즉시 순종했고, 모임이 끝날 때까지 더없이 얌전했다. 모두들 하나같이 말했다. "기적이에요!"

기적이었을까? 애니의 발작이 실제로 간질이었는데, 모임에서 기적적으로 치유된 것일까? 아니면 하나님의 일을 망치려고 원수 마귀가 불쌍한 정신 장애 소녀를 이용한 걸까? 후자라면, 야고보서 사도의 명령이 우리 눈앞에서 참되다고 증명된 셈이었다. "마귀를 대적하라. 그리하면 너희를 피하리라"(약 4:7). 어느 쪽이든, 우리는 이 일을 은혜의 기적으로 보았고 하나님께 감사했다. 더는 애니가 예배나 모임을 방해하는 일이 없었다. 애니는 이따금 예배당에 와서 뒷자리에 앉곤 했지만, 병이 낫지 않았고 결국 자신을 위해 보호시설에 들어가야 했다.

또 "별난" 사람들을 떠올릴 때면, 에버라본에서 만났던 이상하기 그지없는 아주머니가 생각난다. 그 아주머니는 나이가 많았는데, 한쪽 눈에 가리개를 하고 다녔다. 아주머니는 교인이 아니었으나 이따금 주일 저녁 예배에 나오곤 했다.

어느 날, 시내를 걷다가 그 아주머니의 집 앞을 지나가게 되었다(사실 나는 그 아주머니의 집이 거기 있는 줄도 몰랐다). 대문이 열려 있었고, 아주머니가 집 밖에 서 있었다. 아주머니는 내게 할 얘기가 있으니 잠시 들어오라고 간청했다. 들어가고 싶지 않았다. 솔직히, 그 아주머니에게서 뭔가 이상하고 어딘지 모르게 악한 기운이 느껴졌기 때문이다. 하지만 아주머니의 간청을 거절하지 못하고 안으로 들어갔다.

우리는 거실에 마주 앉았다. 모든 게 매우 단정하고 깔끔했다. 사실 아주머니 자신부터가 그러했다. 아주머니는 하얀 머리를 뒤로 가지런히 빗어 넘겼고, 여느 때처럼 목깃이 흰 검정 옷을 입고 있었다. 아주머니는 온전한 한쪽 눈으로 나를 뚫어져라 쳐다보더니 눈가리개를 가리키며 말했다.

"사모님에게, 눈가리개에 얽힌 얘기를 해드리고 싶었습니다."

나는 안 됐다는 말을 중얼거렸고, 최근에 사고로 그렇게 되었는지 아니면 오래전에 다른 어떤 일로 그렇게 되었는지 물었다……. 아주머니는 어쭙잖은 나의 말을 가로막더니 이렇게 말했다.

"전혀 사고가 아니었어요. 제 손으로 그랬어요."

나는 소스라치게 놀라 아주머니를 쳐다보았다. 아주머니는 얘기를 계속했다.

"그리스도께서는 성경에서 '만일 네 오른 눈이 너로 실족하게 하거든 빼어 내버리라'라고 명하셨지요(마 5:29). 그런데 제 오른 눈이 저로 실족하게 하고 죄를 짓게 했어요. 그래서 제가……."

"뭐, 뭐라고요?"

나는 기어 들어가는 소리로 말했다.

"예, 제가 제 눈을 빼어 내버렸어요. 제가 옳은 일을 했다고 생각지 않으세요?"

박사가 그 자리에 있길 얼마나 바랐는지 모른다. 나는 최선을 다해 아주머니에게 말했다. 아주머니가 회개하고 그리스도께

나와 자신의 문제를 아뢰기만 했다면 그리스도께서 아주머니를 용서하고 자유를 주셨을 테고, 유혹과 싸워 이기는 힘도 주셨을 터이며, 아주머니가 그토록 끔찍한 "행동"을 하지 않아도 되었을 거라고 했다. 그러나 아주머니는 도무지 듣지 않았고, 실제로 듣고 싶어 하지도 않았다. 나는 아주머니를 크게 실망시켰다고 느끼며 밖으로 나왔다. 그러나 아주머니가 정신적으로 건강하지 못하다는 확신이 들었다. 나중에야 알게 되었는데, 아주머니는 생활이 문란해 평판이 나빴다. 마귀가 정신적으로 약한 사람들을 어떻게 이용하는지 다시금 깨달았다. 정신적으로 약한 사람들은 우리의 도움과 기도가 필요하며, 보살피고 이해하는 교회 안에 있어야 한다.

그러나 이 모두는 곁길일 뿐이다. 자매 모임으로 되돌아가 보자. 모임에는 늘 강사가 있었다. 그러나 정작 회원들은 말할 기회가 별로 없었다. 하지만 주변을 둘러보면, 거의 예외 없이, 회원들에게 저마다 멋진 이야기가 있으리라는 생각이 자주 들었다. 이따금 실제로 봇물이 터졌고, 우리는 슬프고 염려하며 두렵고 기쁜 마음을 터놓는 얘기에 귀를 기울였다. 무슨 얘기를 하든, 우리는 한결같이 진심으로 들어 주고 공감했다. 그것은 공적 모임에서 나타나는 공감과 경청이 아니라 조그마한 그룹에서, 또는 함께 집으로 돌아가는 길에 나누는 얘기에서 나타나는 공감과 경청이었다.

주일학교는 사람들이 잘 참석했고 생기가 있었다. 당시 웨일스의 모든 주일학교가 그러했듯이, 우리 교회 주일학교도 갓난아기부터 80대에 이르기까지 연령층이 아주 다양했다. 박사는 남자반을 맡았는데, 참석자들은 연령층이 다양했고 30-40명 정도였다. 밀라드Millard 형제가 여자 장년반을 맡았고, 내가 18-30세로 구성된 여자 청년반을 맡았다. 내게는 새로운 경험이었으나 매 순간이 그렇게 좋을 수가 없었다. 모두들 배우고 싶어 했고, 조금의 강요도 없이 제 발로 참석했다.

우리는 성경 한 권을 정해 한 절씩 훑어 나갔다. 한 단락이나 한 절을 읽은 후—차례로 돌아가며 한 절씩 읽었다—각자 읽은 구절에 관해 질문했다. 모두가 자유롭게 얘기하고 토론하며, 질문하고 답했다. 시간이 금세 지나갔다. 어릴 때부터 주일학교에 출석한 사람들에게는 전혀 새로운 일이 아니었다. 그러나 영적인 일에 이제 막 눈을 뜬 사람들에게는 새로운 세상이었고, 이들은 생각하는 것을 재미있어 했다.

어느 주일이 기억난다. 누군가 아기들이 죽으면 천국에 가느냐고 물었다. 많은 얘기가 오갔고, 많은 의견이 쏟아졌다. 나는 이런 질문일랑 모든 것을 알고 모두를 사랑하시는 하나님께 맡기고, 그 옛날 아브라함처럼 "세상을 심판하시는 이가 정의를 행하실 것이 아니니이까?"라고 고백하는 게 백번 옳다고 굳게 믿었다(창 18:25). 그때 어느 자매가 입을 열었다. 내 기억으로, 그 자매가 말하는 것은 그때가 처음이었다. "성경에서 예수님은 '어린 아이들을 용납하고 내게 오는 것을 금하지 말라'라고 하셨습니다 (마 19:14). 예수님이 땅에서 그렇게 말씀하셨다면, 지금 하늘에서도 똑같이 말씀하고 계실 겁니다."

또 다른 어느 주일, 우리가 '포도원 일꾼들의 비유'를 읽고 있을 때 뭔가 심상찮은 느낌이 들었다. (확신컨대, 널리 퍼져 있는 정치적 성향 같은 거였다.) 이 비유에서는 한 시간을 일한 일꾼이 온종일 일한 일꾼과 똑같은 품삯을 받았다. 사람들은 주저하며, 이건 공평하지 못하다고 수없이 말했다. 그러나 이렇게 친절하고 후한 주인을 위해 온종일 일하는 기쁨을 빼앗기고 겨우 한 시간밖에 일하지 못한 불쌍한 일꾼들의 시각에서 보면, 이들에게는 조금은 죄스런 마음이 있었고, 그러기에 이 비유에는 영적 진리가 숨어 있었다. 우리는 열띤 토론을 벌였고, 나는 이들과 더불어 배웠다.

주일학교 수업이 나에게 끼친 유익에 관해 꼭 덧붙여야 할게 있다. 주일학교 수업 덕에 성경 주석을 가까이 하게 된 것이다. 나는 주석을 읽지 말라고 배우며 자랐다. 아버지는 이 점에서 매우 확고하셨다. 스스로 생각하고, 성경과 성경을 비교하며, 거룩해진 자신의 지성을 활용해야지, 성경에 관한 다른 사람들의 생각과 사상과 가르침을 날름 삼켜서는 안 된다고 하셨다.

그래서 나는 예전에 주석을 전혀 읽지 않았다. 그러나 이제야 알았다. 주일학교 교사에게는 주석이 큰 도움이 된다. 지성을 활용해 토론하고 질문에 답하는 일도 탁월한 영적 훈련이다. 그러나 주일학교 교사라면 더 많이 읽을수록 좋다. 그래서 이즈음 주석을 읽었다. 우리에게는 성경 모든 부분을 빼놓지 않고 다룬 좋은 주석 전집이 있었는데, 나는 성경 구절마다 주석을 펴서 읽었고, 웨일스어와 영어로 된 주석에서 하나님의 말씀에 대한 훌륭한 하나님의 사람들의 묵상도 한껏 즐겼다.

이렇게 나는 풍성해졌고, 주일학교 수업 때 받는 까다로운 질문에 답할 준비도 훨씬 잘 갖추었다. 주석가들이 어떤 문제를 두고 서로 견해가 다를 경우, 나는 서재에 들어가 끈질긴 멘토를 찾았다. 그러면 박사는 언제나 알기 쉽게 정리해 주었으며, 서로 다른 견해들의 핵심을 짚어 내고 내가 받아들이거나 거부하도록 자신의 견해를 제시했다. 말할 필요도 없이 나는 언제나 박사의 의견을 받아들였고, 늘 만족했다.

에버라본 시절 초기, 내 기억이 정확하다면 그곳에서 생활한 지 2년이 다 지날 무렵, 몇몇 자매가 주중 저녁 시간에 성경공부를 하면 어떻겠느냐고 했다. 이 문제를 박사와 의논했고, 박사는 흔쾌히 허락했다. 다만 다른 모임들 때문에 월요 기도회, 수요 교제 모임 같은 교회의 정기 모임에 빠지는 사람들이 없어야 한다고 했다. 전혀 어렵지 않았다. 모두들 교회의 정기 모임에 참석할 테고, 그렇게 하겠다고 박사에게 단단히 약속까지 했다. 박사도

이들이 시작하려는 성경공부 모임을 흔쾌히 축복했다.

이들은 약속을 지켰다. 교회의 정기 모임은 전혀 지장을 받지 않았고, 실제로 몇몇은 성경공부 모임 덕에 교회의 정기 모임이 더 잘된다고 했다. 성경공부 모임 자체도 번창했다. 참석자들의 연령은 다양했으나 하나같이 말씀을 열심히 배우고 연구했다. 특히 새로운 회심자들이, 그리스도인들이 교제하는 이러한 추가 시간을 크게 반겼다. 성경공부 모임은 규모가 큰 주일학교 수업과 흡사했고, 모두 자유롭게 질문하고 답했으며, 그날의 토론 주제와 관련된 경험을 나누거나 주제와 관련해 자신이 듣거나 읽은 이야기를 나누었다.

우리는 서두르지 않았다. 하루 저녁에 나가야 하는 분량을 정확히 정해 두지도 않았다. 9년 남짓한 기간에 우리는 창세기, 마태복음, 사도행전을 끝내고 히브리서 4장까지 공부했다. 그 무렵 박사와 나는 에버라본을 떠나 런던으로 가게 되었는데, 마치 가족과 헤어지는 것처럼 마음이 아팠다.

모임을 하는 동안 조지 설리번의 어머니 설리번 부인의 삶에 어떤 일이 있었다. 오직 이 사건을 통해 위로받을 그리스도인들이 있길 바라는 마음에서 그 일을 소개하겠다. 설리번 부인과 그 남편은 각각 스코틀랜드와 아일랜드 혈통으로 착하고 성실했으며, 이상적인 가정생활을 꾸려 나갔고, 세상의 "황금 창고"에 욕심이 없었으며, 평안하고 행복하게 지냈다. 이 부부의 딸은 우리 교회의 소중한 오르간 연주자였다. 설리번 부인은 언제나 하나님을 경외하는 여인이었기에, 한 달, 또 한 달 새내기 목사에게 배우면서 영적인 일을 점점 더 알아 가고 영적인 일에 점점 더 예민해졌다. 어느 날 부인은 자신의 삶에서 일어난 놀라운 일을 나에게 들려주었다.

그녀에게는 한 가지 큰 기쁨과 호사가 있었다. 부인은 극장 프로가 바뀌면 절대 놓치지 않으려고 매주 두 차례 동네 극장에 갔다. 그러던 중 자신이 시간과 돈을 허비한다는 생각이 들었다. 그뿐 아니라 이런 습관이 영적인 일에 대한 관심과 즐거움을 앗아 가고 있다고 느꼈다. 그래서 영화를 포기했지만 이 사실을 아무에게도 말하지 않았다. 절대로 다른 사람들에게 영향을 끼치려 하지도 않았다. 이것은 개인적인 문제였고, 그래서 영화를 포기하겠다고 하나님께 약속함으로써 이 문제를 해결했다. 부인은 마음의 평안을 되찾았다.

그러던 어느 날, 다정한 이웃이 부인에게, 매우 특별한 영화가 다음 주에 들어온다고 알려 주었다. 제목은 「손상된 제품」 Damaged Goods 16이었는데, 자라나는 아이들을 둔 어머니로서 아이들을 위해서라도 꼭 봐야 하는 영화였다. 이 영화는 부인에게 자라나는 아이들이 도덕적으로 위험에 빠지지 않도록 돕는 법을 보여줄 터였다. 부인은 처음에는 꿈쩍도 하지 않았다. 하지만 그 영화를 생각할수록 마음이 흔들렸다. 마음이 어찌나 흔들렸던지 결국 결심을 꺾었고, 다음 주에 함께 영화를 보러 가겠다고 이웃에게 약속했다.

영화를 보러 가기로 약속한 날이 되었다. 설리번 부인은 이미 심란하고 기분이 좋지 않았으며 약속한 순간부터 후회했으나, 그래도 친구와 함께 집을 나섰다. 하지만 마음이 무거웠다. 두 사람은 매표소에서 표를 사서 자리를 잡았다. 극장은 금세 사람들로 들어찼다. 그 순간, 후회와 불쾌감이 설리번 부인을 크게 엄습했으나 친구는 아무것도 모른 채 옆에 앉아 있었다. 설리번 부인은 하늘을 향해 절망과 고통을 필사적으로 호소했다. 부인은 내게, 그때 말없이 이렇게 기도했다고 했다. "오, 주님! 저를 도와주세요. 이 자리가 너무너무 불편해요. 이 상황을 벗어나게만 해주신다면 절대로 이런 어리석은 짓을 다시 하지 않을게요."

부인은 기분이 조금 좋아졌고, 절망감도 조금 덜했다. 하지만 극장을 떠나려는 행동은 취하지 않았다. 이제 영화가 시작될 참이었고, 관객들 사이에 기대감이 일고 있었다. 그러나 갑자기 막이 걷히고 극장 관리자가 나왔다. 그는 관객들에게 진심 어린 유감과 사과를 표하면서, 안타깝게도 영사기가 갑자기 고장이라 영화를 상영할 수 없다고 했다. 모든 관객이 매표소로 달려가 환불받거나 다른 날짜의 표를 받았다. 설리번 부인이 어느 쪽을 선택했는지 굳이 말할 필요가 있을까? 설리번 부인은 속으로 노래를 부르며 가벼운 발걸음으로 곧장 밖으로 나왔고 기쁨이 넘쳤다.

아마도 부인은 하늘에 계신 아버지께서 "나를 시험하라!"라고 하셨다는 것을 몰랐을 것이다. 그러나 누군들 하나님이 영사기가 작동하지 않게 함으로써 기도에 응답하시리라고 생각했겠는가?

4

성령강림절／월요일

성령강림절 월요일은 에버라본에 자리한 샌드필즈의 주일학교에 아주 중요한 날이었다. 라디오와 신문의 전문가부터 해질녘 구름을 살피는 토종 전문가들까지 날씨 예측은 적잖은 얘깃거리였고, 낙관론자냐 비관론자냐에 따라 희망과 절망이 갈렸다. 그러나 어느 쪽이든 그날은 참 대단했다.

2시경에 교회 입구에 모였다. 아이들과 대부분의 어른들도 모였다. 이곳은 웨일스였고, 주일학교는 배우고 싶은 모두를 위한 곳이었기 때문이다. 모든 연령대를 위한 주일학교 반이 있었다. 예를 들면 남자반은 40-50명 정도였는데, 늘 박사가 직접 인도했다. 그래서 교회 입구에 꽤 많은 사람들이 모였다.

우리는 마지막으로 헐레벌떡 도착하는 사람들을 기다리며 대열을 갖추었다. 맨 앞에는 박사와 건장한 형제들이 자리했다. 가능하다면 한 사람, 한 사람을 모두 소개할 만하다. 이들이 모두 교인은 아니었으나 쇠붙이가 자석에 끌리듯이 교회에 끌렸다.

"톰 양크"Tom Yank도 이들 가운데 하나였다. 톰은 60대로, 저녁 예배에 정기적으로 참석했으며, 이런 놀라운 방식에 매료되었다. 그는 본래 냉소적이었다. 그의 실제 성姓이 무엇인지는 기억나지 않는다. "양크"는 별명이었는데, 그가 여러 해 동안 미국에서 일했고 고향에 돌아온 후에도 말과 억양에 미국 색채가 뚜렷하게 남아 있었기 때문이었다. 그러나 그는 분명히 냉소적이었고, 비웃음은 거의 일상적인 표정이었다.

어느 주일 밤, 박사는 예수님의 제자 '의심하는 도마'에 관해 설교했다. 그리고 그다음 수요일 밤 우리는 교제 모임을 가졌다. 좋은 모임이 되리라고 기분 좋게 확신했으나, 얼마나 좋은 모임이 될지는 거의 알지 못했다. 박사의 의자가 탁자 뒤 조금 돋운 연단에 준비되었고, 나머지 사람들은 정사각형 모양의 반원 형태로 둘러앉았다. 여느 날 밤의 모임과 다를 바 없었다. 나이 든 형제들이 앞쪽에 박사와 최대한 가까이 자리 잡았고, 여느 때처럼 "톰 양크"도 거기 있었다.

모임이 시작되고, 여느 때처럼 잠시 중단된 막간에 톰이 자리에서 일어섰다. 모두 놀라 숨을 죽였다. 그는 한 번도 이런 적이 없었기에 모두들 바짝 긴장했다. 키가 작고 몸매가 다부지며, 머리카락은 군데군데 회색이었고, 얼굴은 햇볕에 탄 그의 모습이 생생하다. 그러나 우리의 상상이었을까, 아니면 미묘한 표정 차이였을까? 그의 표정은 평소보다 부드럽고 덜 냉소적으로 보였다. 그러나 그때 그는 이미 말을 시작했다. 처음에, 그는 보기에도 타고난 과묵함 때문에 애를 먹었으며, 숨이 가빴고 주저했다. 그러나 시간이 지나면서, 자신이 하고 싶은 말 외에는 모두 잊은 것 같았다.

그는 이렇게 고백했다. 그는 설교를 듣길 좋아하고, 설교를 들으면 자신도 믿고 싶고, 교인이 되어 우리와 운명을 함께 하고 싶은 마음이 들다가도, 설교가 끝나기가 무섭게 사탄이 주는 모든 의심이 흐물흐물 기어 들어와 결국 구원을 받지도 못하고, 교인이 되지도 못하며, 아주 비참한 마음으로 돌아갔었다. 그런데 지난 주일 밤 박사가 '의심하는 도마' 설교를 했을 때, 그 설교가 바로 자신에 관한 것이라고 느꼈다고 했다. 그는 자신이 곧 도마라고 생각했다. 처음에는 의심의 사슬이 가슴을 옥죄는 것 같아 거의 숨을 쉴 수 없었다. 그러나 이야기가 계속되고 도마가 부활하신 주님의 얼굴을 보며 "나의 주님이시요 나의 하나님이시니이다"라고 외쳤을 때(요 20:28), 톰 양크도 자신의 온 존재로 똑같이 외쳤으며, 그 순간 가슴을 옥죄던 사슬이 끊어져 영원히 사라지는 것을 느꼈다고 했다.

그리고 지금, 그는 이곳에 있다. 성령강림절 월요일 퍼레이드에 박사와 나란히 서 있다. 물론 전에도 여러 번 이렇게 했었다. 하지만 그날, 그는 변화된 사람이었다. 의심과 비웃음은 사라졌고, 마음에는 이것들이 다시 얼굴을 들이밀면 어떻게 처리해야 할지 알겠다는 확신이 있었다.

성령강림절 월요일로 돌아가 보자. 대열은 곧 갖춰졌고 퍼레이드가 시작되었다. 건장한 남자들이 맨 앞에서 걸었고, 여자들이 그 뒤를 따랐으며, 맨 뒤에는 아이들이 따랐다. 아이들은 수십명에 달했고, 보호 교사들과 어머니들, 이모·고모들, 언니·누나들이 함께 했다. 어린 여자아이들은 성령강림절이라고 저마다 새 드레스를 입었고, 새 옷을 입었으니 기세등등하고 자신만만했다.

남자아이들도 어느 정도 옷을 잘 갖춰 입었다.

우리는 대열이 잘 정비된 채 출발했고, 행진하면서 「믿는 사람들은 군병 같으니」와 「누가 주를 따라 섬기려는가」, 「십자가 군병들아 주 위해 일어나」를 찬양했다. 우리는 모든 거리를 행진했고, 아이들의 집을 지날 때마다 가족들이 문밖에 나와 열심히 찬양하며 행진하는 어린 아이들에게 손을 흔들어 주면 흐뭇했다. 문제는 없었느냐고? 물론 문제가 있었다. 대개 둘뿐이었다.

하나는 **타르**였다. 시의회는 그렇게 하는 게 최선이라 판단해, 늘 성령강림절 바로 앞 주간에 도로에 타르를 입혔다. 그래서 새로 입힌 타르 때문에 새 드레스와 자그마한 흰 신발이 수난을 겪었다. 시간이 지나면서 우리는 최악의 상황을 피하는 법을 익혔으나, 그래도 타르는 우리에게 틀림없는 문제였다.

둘째 문제는 대열 자체의 성격과 구성이었다. 남자들이 속도를 주도했다. 남자들은 뚜벅뚜벅 걸었다. 거기까지는 문제가 없었다. 그러나 남자들이 깨닫지 못한 게 있었다. 대열의 선두가 뚜벅뚜벅 걸으면, 대열의 중간에 자리한 여자들은 조금 더 빨리 걸어야 속도를 맞출 수 있었고, 대열의 끝에 자리한 아이들과 교사들은 아예 뛰지 않으면 뒤처졌다. 앞쪽으로 메시지가 전달되었다. "제발, 좀 천천히 가세요." 그러나 남자들은 전혀 상황을 파악하지 못했다. 어쨌든 남자들은 이미 장례 행렬 속도로(최대한 천천히) 걷고 있었던 것이다.

아이들은 이 행사를 아주 재미있어하고 좋아했다. 우리는 아이들 때문에 행복했고, 이 행사가 세상을 향해 증인이 되라는 교회의 소명의 한 부분이길 바랐으며 그렇게 되길 기도했다. 어느 찬송가 가사처럼 말이다.

빛나는 등 되어
이 세상 만민 앞에
비추게 하소서.

퍼레이드를 마치고 교회로 돌아오는 시점에서는 날씨가 중요했다. 사실상 날씨에 따라 오후 활동이 결정되었기 때문이다. 날씨가 맑으면 모두 모래 언덕으로 이동했다. 그러나 이동하기 전에, 어머니들은 아이들을 불러 모아 새로 마련한 "가장 좋은 옷"을 벗기고 작년 여름에 입던 면직물 옷으로, 게임하고 뛰어 놀기에 적합한 옷으로 갈아입혔다.

시내와 해변 사이에 자리한 모래 언덕은 웨일스 해안에서 수 킬로미터에 걸쳐 펼쳐져 있었다. 실제로, 샌드필즈로 알려진 에버라본 구 시가지는 둔덕을 깎아 낸 모래땅에 세워졌고, 나중에 새 길과 길게 늘어선 주택들이 둔덕까지 차지해 버렸다. 새로운 목사관을 계획하는 사람들 가운데 하나가 내게 이렇게 말했다.

"기초만 튼튼히 하면 모래 위에 집을 지어도 전혀 문제없습니다. 중요한 것은 기초니까요."

교회 위원회의 한 사람이 그 지역을 소개하면서 흥미로운 몇 곳을 가리켜 했던 말이 기억난다.

"이곳은 세 번째 에버라본입니다."

"나머지 둘은 어디 있나요?"

내가 묻자, 그는 발밑을 가리켰다.

"이 아래 있지요. 다시 말해, 쓸려 내려가지 않은 것들은 말입니다."

강한 남서풍이 불어 브리스틀 만에 만조滿潮를 몰고 올 때 밤 늦게 잠들지 못하고 해변의 거센 파도소리를 듣노라면, 이따금 그의 말이 떠올랐다. 그러나 모래 언덕에는 주일학교 교사들과 학생들이 잘 아는 한 지점, 게임을 하고 뛰어놀기에 아주 적합한 곳이 있었다. 어느 멋진 오후, 신이 난 아이들과 교사들이 떼 지어 그곳으로 몰려들었다. 그곳은 탁 트인 넓은 장소였고, 주변이 모래 언덕으로 둘러싸여 있었으며, 그래서 편안하게 앉아 동시에 모든 것을 보기에 아주 좋은 곳이었다.

모래 언덕은 다른 여러 면에서도 엄청난 자산으로 입증되었다. 박사는 편안하게, 이를테면 아무 일도 않은 채 그곳에 앉아 있곤 했는데, 교회에서라면 수줍어서 가까이 못했을 많은 사람들이 그에게 다가가 아는 체를 했고 그도 그렇게 해주었다. 이럴 때는 흔히 유쾌한 대화나 시사 문제를 중심으로 얘기가 오갔다. 모두에게 도움이 되었다. 이따금 마음이 열렸고, 모래 언덕의 봄볕 아래서 영원을 위한 일이 성사되기도 했다.

에드가는 후자에 속했다. 그는 활발하고, 몸집이 자그맣지만 강단이 있으며, 부두에서 괜찮은 자리에 있었다. 그는 정치에 관심이 있었고 램지 맥도널드의 숭배자에 가까웠다. 그러나 그는 또한 "더 포워드"—우리 교회는 줄곧 이렇게도 불렸다—에도 관심을 보여 왔다. 에드가는 이따금 저녁 예배에 나오기 시작했다. 그의 큰 고민과 문제는 술이었으며, 그의 일터—부두—는 이런 점에서 전혀 도움이 되지 않았다. 석탄 운반선과 탄광용 갱도 버팀목을 실어 오는 스칸디나비아 배의 선장들은 술을 사거나 포도주를 선물함으로써 고마움을 표하길 좋아했다.

에드가는 모래로 된 특별관람석에 박사와 나란히 앉아 깊은 대화를 나누었다. 그때 희망이 높이 솟았고, 사실 그날이 그의 삶에서 전환점이 되었다. 그의 문제가 다뤄졌고, 필요가 충족되었으며, 그는 자신의 구원을 기뻐했다.

나중에 그가 병들었을 때 박사가 그를 찾아갔다. 그는 침대에 누워 있었다. 램지 맥도널드의 사진이 벽을 향한 채 걸려 있고, 에드가는 박사에게 확대된 스냅사진 세 장을 가리켰다. 사진은 눈에 잘 띄는 좋은 자리에 걸려 있었고, 각각의 사진에 제목이 붙어 있었다.

1. 부스스하고 후줄근하며 매우 취해 가로등 기둥에 기대 서 있는 에드가. 제목: **잃어버림**.
2. 모래 언덕에 앉아 박사에게 얘기하고 있는 에드가. 제목: **다시 찾음**.
3. 깨끗한 제복을 입고, 맑은 정신에 말쑥하며, 얼굴에 평안과 만족이 넘치는 에드가. 제목: **구원받음**.

성령강림절 월요일로 다시 돌아가 보자. 오후에 비가 오면, 강한 남서풍이 불어 수평선에서 비를 몰고 오면 어떻게 하는가? 아무 문제 없다! 이런 경우, 모두 예배당으로 들어가 문에서 강단까지, 바닥에서 천장까지 온 예배당을 채웠다. 그러고 나서 몇 시간, 또는 그 이상—실제로 부엌에서 차가 준비되었다는 말이 나올 때까지—다 함께 최고의 즉석 콘서트를 즐겼다. 연령대마다 달란트가 풍부했고, 몇몇은 정말로 목소리가 아름다웠다. 나는 부엌에 일을 도와주러 갔다가 그만 "최고의 공연"을 놓치고 말았다. 박사가 자신이 가장 좋아하는 찬송을 4중창으로 불렀던 것이다. 그는 옛날 표기식 악보가 아니라 계명창식 악보sol-fa—자신의 파트에 해당하는 베이스—를 쉽게 잘 읽어 낼 줄 알았다.

언제나 이런 모임에서는 박사가 이를테면 보모가 되었다. 박사는 아이들을 잘 다뤘고, 아이들의 마음을 사로잡을 줄 알았으며, 이야기와 몇 안 되는 농담으로 아이들 수백 명을 동시에 사로

잡기까지 했다. 박사가 아이들에게 질문하면 아이들은 어김없이 반응하고 답했다. 사실, 박사는 좋아하는 일을 아이들과 함께 할 수 있었다. 배꼽 잡는 순간이 늘 있었다. 그러나 박사가 아이들을 돌볼 때, 아이들이 통제 불능에 빠진 적은 한 번도 없었다. 오후가 다 끝날 무렵, 박사의 주된 일은 아이들이 실제로 차를 원했다는 사실을 잊게 만드는 것이었다.

이 시간 내내, 진짜 여자들은 옆방에서 차를 준비했다. 큰 방은 긴 식탁들로 가득했고, 흰 식탁보는 음식에 가려 거의 보이지 않았다. 샌드위치, 비스킷, 케이크, 타르트, 스펀지케이크를 비롯해 교회 여자들이 준비한 음식이 접시마다 가득했다. 이들은 박사가 단 것을 좋아한다는 사실을 곧 알아챘고, 박사가 가장 좋아하는 것들로 담아 그를 위한 접시를 늘 따로 준비했다. 분위기는 살갑고 넉넉했다. 그래서 함께 차를 나누고 싶은 사람이라면 누구나 환영이었다. 주일학교 어린이들은 "엄마"가, 자주는 "아빠"가 교인이든 아니든 상관없이 대환영이라는 걸 알았다.

조그마한 일 하나가 아주 또렷이 기억난다. 모든 아이들이 자리에 앉았을 때(늘 아이들이 먼저 차를 마셨다), 걱정하는 어느 교인이 박사에게로 몸을 구푸렸다.

"박사님, 식탁에 가톨릭 아이들이 대여섯 됩니다. 공평하지 못합니다. 그 아이들은 내일 자신들의 성령강림절 행사를 하거든요. 저 아이들을 내보낼까요?"

그러자 박사가 걱정하는 형제에게 말했다.

"아닙니다. 그러지 마세요. 아이들일 뿐일 걸요. 그냥 두세요."

조금 전의 그 형제는 공평하지 않다고 투덜거리며 자리를 떠났다. 그러나 그가 예배당에서 방^{hall}으로 들어오는 중에 좋은 생각이 번뜩였다. 그는 처음에 박사의 바람대로 하려 했으나, 방에 들어가 조용히 하라고 하더니 이렇게 말했다.

"○○ 신부님이 밖에 와 계시는데, 내 생각에는 누군가를 찾고 계시는 것 같아요……."

그 한마디로 충분했다. 아이들 대여섯이 어두운 표정을 지으며 슬그머니 밖으로 나갔다. 이 일은 며칠 후에야 박사의 귀에 들어갔고, 박사는 그의 영리한 해결책에 억지웃음을 짓기는 했다. 그렇더라도 내가 생각하기에, 박사는 그 아이들 생각에 마음이 조금 아팠을 것이다. 그는 언제나 아이들에게 매우 다정했다.

콘서트로 다시 돌아가 보자. 콘서트는 옆방에서 사람이 와서 E. T. 리스^{Rees}[17]의 귀에 속삭이고, 그가 마침내 차가 준비되었다고 말할 때까지 계속되었다. 리스는 예배당에서 옆방으로 사람들을 이동시켰다. 바깥에서 달리기를 하고 있었든 아니면 사람들로 들어찬 예배당에서 마음을 다해 찬양을 하고 있었든 간에, 편안하게 차 한 잔 마시는 것만큼 좋은 게 없었다. 모두 한껏 즐겼고, 서로에게 따뜻한 마음을 안고 행복해하며 집으로 돌아갔다. 이렇게 성령강림절 행사는 다음 해를 기약하며 끝났다. 거의 1,000명에 달하는 사람들이 파티를 끝낸 후에 어떻게 설거지를 하고 뒷정리를 했는지는 말하지 않겠다.

식기 세척기가 없었다. 하지만 모두가 하나같이 돕길 원했기에, 허드렛일도 교제를 위한 또 하나의 기회가 되었다.

5

――――――――――――――――― 1932년／여름 ―――――――――――――――――

마틴과 내가 휴가 중에 했던 일은 이 책에 잘 어울리지 않을지 모르겠다. 그러나 에버라본의 어느 여름은 여느 때와는 사뭇 달랐기에, 여기에 꼭 소개하고 싶다.

일반적으로 8월은 우리에게 휴가 기간이었다. 그래서 8월이면 대부분의 기간을 가족이나 친구들과 보냈는데, 먼저 런던에서 시댁 식구들과 보내거나 해로Harrow에서 친정 식구들과 보냈다. 그러고 나면 나머지 기간은 뉴캐슬 엠린Newcastle Emlyn에서 보냈다. 탈리본트Talybont에 자리한 교장 선생님 댁이나 에버리스트위스Aberystwyth에 자리한 모리스 존스Morris Jones 교수님 댁은 지평을 넓히고 편안하게 쉴 뿐더러 하루가 다르게 커 가는 딸과 지내기에 안성맞춤이었다. 몇몇 휴가 장소와 그곳에서 일어난 일들은 다른 데서 소개했으니 다시 소개하지 않겠다. 아침마다 조용히 책을 읽고 공부하며 사색하도록 가만히 두기만 한다면, 마틴은 어디서라도 더없이 행복해할 수 있었다. 휴가든 아니든 간에 말이다! 그러나 1932년 여름은 전혀 달랐다. 마틴은 캐나다 토론토에 자리한 셀본 스트리트 장로교회Sherbourne Street Presbyterian Church를 담임하는 리처드 로버츠Richard Roberts 박사에게서 편지를 받았다. 그는 윌즈던 그린Willesden Green에 자리한 웨일스 교회(칼빈주의 메소디스트교회)Welsh Church에서 목회를 했었다. 두 사람은 한 세대 차이였고, 전혀 만난 적도 없었다. 그러나 로버츠는 이 젊은이가 웨일스 "포도밭"에서 하는 일을 속속들이 들어 알고 있었다. 조금은 미심쩍어 하면서도, 새로운 인물의 틀림없는 진실성과 정신력과 의심할 여지 없는 인기에 안도하며(어쨌거나 마틴은 목회 경력이 이제 겨우 5년 남짓이었다), 로버츠 박사는 마틴에게 1932년 7월과 8월에 셀본 스트리트 교회 강단을 맡아 달라는 내용의 편지를 보내 왔다.

장애물은 없었고, 마틴은 아내와 딸도 함께 간다는 조건으로 초청에 응했다. 걷어 내야 할 장애물이 하나 있기는 했다. "더 포워드"를 돌볼 사람이 필요했던 것이다. 마틴은 교회를 비우는 게 내키지 않아 캐나다에 가지 못하겠다고 느꼈다. 그러나 참으로 하나님의 섭리라고밖에 말하지 못할 일이 일어났다. 카디프에 윈 토머스Wynn Thomas라는 은퇴한 노老목사가 살고 있었다. 그 노목사는 샌드필즈에서 설교를 했었고, 마틴이 주일에 교회를 "비울" 때면 몇 차례 그의 빈자리를 아주 잘 "메워 주었다." 마틴은 그 노목사에게, 자신이 가족과 함께 캐나다에 가고 없는 동안 사모님과 함께 목사관에 와서 지내실 수 있겠느냐고 물었다. 노목사는 그러겠다고 했고, 이것으로 모든 문제가 해결되었다. 노목사의 승낙으로 우리는 짐을 꾸릴 수 있었다. 그런데, 이런 바보 같으니라고! 우리는 여행용 트렁크를 하나 가져갔다. 그런데 여행 중 언제 어디서나 그 트렁크가 가장 성가셨다. 하지만 사람이란 배우는 존재가 아닌가!

마침내 캐나다로 떠나는 날이 왔다. 사우샘프턴에서 낡은 올림픽 호를 타고 대양으로 나아갔다. 마틴의 어머니와 나의 어머니 두 분이 잘 다녀오라며 손을 흔들었다. 두 분의 모습이 점점 작아져 하늘색과 갈색의 두 점이 되더니 완전히 사라졌다. 순간 두 분을 다시는 뵙지 못하리라는, 또는 마른 땅을 다시는 밟지 못하리라는 생각이 들었다! 그런데 곧 마른 땅을 보았다. 배가 대양으로 나아가기 전에 셰르부르Cherbourg에 들렀기 때문이다. 네 살 반이었던 엘리자베스는 온 배를 휘젓고 다녔고, 임시 유치원과 놀이방에서 이런저런 게임을 하며 신나게 놀았다. 마틴의 일상은 집에 있을 때와 전혀 다르지 않았다. 나는 사실 항해가 즐겁지 않았다. 겁이 났고 자꾸만 이상한 상상이 들었기 때문이다.[18] 침대에 누웠으나 잠들지 못하고 생각에 시달렸다. '나하고 대서양과 말로 다 못할 공포 사이에는 저 벽 하나뿐이야!'

안개가 자욱하게 끼었다. 안개가 끼면, 배들은 3분마다 경고 표시로 뱃고동을 울렸다. 뱃고동 소리가 그렇게 구슬플 수가 없었다. 어느 밤에 대서양 한가운데서 벌어진 일이 생생하게 기억난다. 칠흑 같은 밤인데다 안개마저 자욱했고, 거기다가 가랑비까지 내렸다. 나는 메인 라운지로 들어갔다. 그때 얼굴이 창백하고 침울해 보이는 한 선원이 내게 말했다.

"을씨년스런 밤입니다."

"맞아요. 저는 이런 날씨가 싫어요."

내가 대답했다. 그가 말을 계속했다.

"타이타닉 호가 가라앉던 밤도 이랬습니다." (세상에!) "우리

배가 이렇게 항해 중이었는데, 구조 신호가 들렸습니다. 주변을 지나던 모든 배가 곧바로 사고 지점으로 달려가 생존자를 구해야 했습니다. 우리 배도 항로를 바꿔 전속력으로 달렸지요. 하지만 너무 멀었습니다. 너무 늦게 도착해 아무도 구하지 못했으니까요."

내가 보기에 그 선원은 그 모든 일을 다시 겪고 있었다. 그는 침울한 데다 처량해 보였다. 나로서는 그가 호출을 받고 자리를 뜬 게 더없이 감사했다. 마틴은 내게 이런 일이 일어난 게 아주 우습다고 생각했다. 그의 눈을 보면서 이 일이 우습다는 것을 알았고, 그제야 평정을 되찾았다. 그러나 그로부터 오랜 세월이 흘렀는데도, 그 일과 그 선원의 침울함이 여태 생생하다.

항해 동안, 엘리자베스는 글을 읽을 줄 알게 되었다. 뭔가로 채워야 할 시간이 많았고, 아이라고 마냥 놀면서 시간을 보내지는 못한다. 엘리자베스에게 글 읽는 법을 가르치면 엘리자베스도 흥미를 느낄 테고, 지루함도 어느 정도 해소될 것이며, "이제 뭐 해요?"라는 고민도 덜 수 있으리라는 생각이 들었다. 하지만 아이에게 읽기를 가르치기에 적절한 책이 곁에 없었다. 그래서 나는 엘리자베스를 위해 문장을 직접 썼고, 음성학과 기억과 미지의 세계로 들어가려는 강한 호기심으로 무장해야 했다. 다행히 엘리자베스는 잘 따라 주었다. 우리가 공략했던 첫 문장이 늘 기억난다. 뚱뚱한 고양이가 매트에 앉았습니다!!THE FAT CAT SAT ON THE MAT!!

돛이 올랐고, 엘리자베스는 출발했다! 배가 뉴욕에 도착할 때까지 엘리자베스는 열심히 "읽었고", 그칠 줄을 몰랐다.

배가 도착한 뉴욕은 햇살이 밝았으나 매우 침울했다. 몇 년째 계속된 공황이 아직도 사람들을 뒤덮고 있었다. 빈센트 로이드 존스Vincent Lloyd-Jones 19의 친구 부모님이 마중을 나왔다. 이들은 과거에 매우 부유했으나, 당시에 너무나 많은 뉴욕 사람들이 그랬듯이 스스로 가난하다고 여길 정도로 가세가 기울었다. 그러나 이들은 우리가 기차를 타고 토론토로 떠날 때까지 하루 혹은 이틀 동안 집에서 우리를 너무나 따뜻하고 친절하게 보살펴 주면서 늘 상황을 한탄했고, 우리가 몇 달 전에만 왔어도 우리에게 해줄 수 있었을 것들을 못내 아쉬워했다.

밤새 기차에서 크게 시달린 끝에 다음 날 한낮에야 토론토에 도착했다. 로버츠 박사를 비롯해 몇몇이 마중을 나왔고, 우리를 "세인트 조지 74번지"로 데려갔다. 그곳은 게스트 하우스로 쓰이는 아름다운 고택古宅이었으며, 우리가 사용할 숙소이기도 했다. 7월 1일 금요일이었다. 나는 일기를 꼬박꼬박 쓰려고 꽤나 단단히 마음을 먹었다. 실제로 꼬박꼬박 일기를 쓰기는 했다. 하지만 정확히 사흘뿐이었다! 7월 1일은 도착에 관한 얘기였다. 7월 2일은 숙소에 관한 얘기, 로버츠 박사가 마틴을 데리고 나가 (최우선 순위로!) 이용 가능한 여러 도서관을 소개하고, 그다음에 은행으로 안내한 내용이었다. 내가 보기에 토론토는 아주 아름다웠다. 내

일기에는 이렇게 되어 있다. "토론토는 더없이 아름다운 도시다. 주거지역에는 벨벳 같은 잔디가 아름답게 깔려 있고 어디를 가나 나무가 있다. 그러니까 새로 길을 닦을 때 그 길을 따라 나무를 심는 게 틀림없다."

사흘째이자 마지막 일기는 7월 3일 주일에 쓴 것이었다. 그 날의 일기를 그대로 옮겨 보겠다.

오전 11시 예배. 마틴은 부목사와 함께 일찍 나갔고, 우리는 스티븐슨 양과 함께 갔다. 매우 아름다운 교회였다. 장식은 정교했고 바닥에는 카펫이 깔려 있었다. 로버츠 박사가 예배를 인도했다. 부목사 랜달이 성경 본문을 읽고, 마틴이 설교를 했다. 마틴이 가운을 입은 모습을 보니 이상했다(샌드필즈에서는 가운을 입지 않았다). 그러나 마틴은 가운을 거추장스러워하지 않았다. 마틴이 설교를 했다. "그러므로 믿는 너희에게 보배이나"(벧전 2:7). 회중은 많았고 모두 잘 들었다. 순간순간 큰 긴장감이 감도는 매우 좋은 예배였다. 예배를 마치자 많은 사람들이 감사를 표했으며, 많은 사람들이 자신은 전혀 그리스도인이 아니라고 느꼈다고 했다. 또 많은 사람들이 "사막의 오아시스" 같은 설교에 감사했다. 로버츠 박사의 집에서 식사를 하고 차를 마셨다. 설교에 대한 칭찬이 많았고, 마틴이 로버츠 박사의 주제를 잇고 있다는 평가들이 많았다. 저녁 예배에도 사람들이 아주 많았으며,

평소보다 더 많았으나 가득 차지는 않았다. 예배가 전파를 탔다. "좁은 문으로 들어가라"(마 7:13). 사람들은 조용히 숨을 죽이며 들었다. 자신들의 죄를 깨닫는 게 느껴졌다. 이렇게 선포되는 단순한 복음의 메시지를 듣는 데 익숙하지 않은 게 분명했다. 우리가 교회 사무실에서 매우 형식적으로 교인들과 인사를 나눈 후, 랜달이 자신의 차로 우리를 숙소로 데려다 주었다. (나는 20년 전에 뉴캐슬 엠린을 떠난 로라 새뮤얼을 만났다!)

일기는 여기서 끝났다. 그날 아침, 눈에 확 띄며 조금 늙은 부인이 예배에 참석했다. 예배가 끝나자 그 부인이 우리와 악수를 하려고 "줄서서" 기다릴 때, 로버츠 박사가 마틴에게 그 부인에 관해 말했다. 그의 말에 따르면 그 부인은 엄청난 부자였다. 캐나다의 모든 도시마다 큰 점포를 갖고 있었다. (로버츠 박사의 말을 빌리자면, "셀프리지 백화점만큼 컸다.") 부인은 마틴과 악수를 나누며 말했다.

"로이드 존스 박사님, 여기에 두 달을 계시면서 아침에는 주로 그리스도인들을 대상으로 설교를 하시고, 저녁에는 주로 불신자들이나 의심하는 그리스도인들을 위해 설교하시는 게 맞나요?"

"네, 맞습니다. 저는 일반적으로 그런 방식으로 설교를 합니다." 마틴이 말했다.

"잘 알겠습니다. 그러면 이제부터 저녁 예배에도 참석해야겠습니다."

부인이 단호하고도 진지하게 말했다. 부인은 자신의 말을 지켰고 한 번도 예배에 빠지지 않았다. 전에는 저녁 예배에 전혀 참석하지 않던 사람이었다.

셸본 스트리트에서 지낸 두 달은 두고두고 기억에 남을 만했다. 예배에 참석하는 사람들은 매 주일마다 점점 많아졌다. 마지막 두세 주일에는 예배당이 꽉 들어찼고, 통로와 빈자리마다 의자를 놓아야 했으며, 그것도 모자라 사람들이 강단 계단에도 앉았다. 경찰이 나와 교통정리를 했고, 경찰의 요청으로 예배를 일찍 시작했다. 다시 말해, 예배당에 빈자리가 없이 가득 차면 곧바로 예배를 시작했다. 로버츠 박사 자신은 복음주의자가 아니었으나 전혀 불만을 표시하지 않았다. 내가 생각하기에, 그는 자신의 휴가 계획이 성공적이어서 기뻤던 것 같다. 그는 휴가 기간에 다른 곳으로 떠나는 게 아니라 전에 없이 집에 남아 있기로 결정했는데, 특히 우리가 그곳에 머무는 동안 그의 딸이 결혼을 하기로 되어 있었기 때문이다. 그러나 그는 마틴이 어느 주중에 자신을 대신해 셔토쿼Chatauqua에 가야 한다며 마틴을 설득했다. 셸본 스트리트의 이야기가 재현되었다. 처음에, 영국에서 건너온 생판 모르는 젊은 목회자가 어느 날 아침 작은 홀에서 강연을 했다. 그러나 강연이 끝나는 며칠 후에는 생판 모르는 바로 그 젊은 목회자의 강연을 들으러 수천 명이 강당을 가득 채웠다.[20]

토론토에서 지낸 두 달 동안 재미있는 일이 많았다. 어떤 일은 시간과 나이의 안개에 가려 가물가물하다. 그러나 어떤 일은 워즈워스Wordsworth 시의 수선화처럼—"내 마음에 그 모습 떠오르나니, 이는 바로 고독의 축복 아니랴"—강하게 되살아난다. "캐나다의 스펄전"이라 불리던 T. T. 실즈Shields 박사를 만난 것도 아주 재미있었다. 그분은 훌륭하고 복음적인 설교자였으나, 많은 사람들에 따르면 자유주의자들과 로마 가톨릭을 끊임없이 공격하느라 자신의 사역을 망치고 있었다.

이런저런 방법으로 우리는 시골을 많이 둘러보았고, 그런 일도 아주 재미있었다. 어느 날은 기차로 여행하는 중에 대상 경작strip farming 21 현장을 처음 보았다. 농장은 수레바퀴의 축 모양, 그러니까 경작지가 농가들을 중심으로 부챗살 모양으로 배열된 형태가 아니었다. 오히려 반대로, 농가들이 멋들어진 구역에 따로 떨어져 길게 늘어선 줄 같았다. 경작지는 농가들로부터 평행하게 띠strips를 이루며 길게 이어졌고, 길이나 강에 막혀 끊어졌다. 내가 이 낯선 광경에 매료되어 몇 마디 했더니, 이런 형태의 경작이 이곳 농민들에게는 전혀 특별한 게 아니라 매우 일반적이라는 대답이 돌아왔다. 이웃들은 겨우 몇백 미터 거리였고, 따라서 그리 외롭지 않았기 때문이다. 그것은 초기 정착민들에게는 아주 요긴한 형태였다. 이들이 생각해 낸 아주 독특하고 영리한 방법이 또 하나 있었는데, 바로 경계를 나무뿌리로 표시하는 것이었다. 정착민들은 매우 가난했기 때문에 울타리를 치기란 불가능했다. 가장 손쉬운 방법은 땅을 개간하려고 뽑은 나무의 뿌리를 이용하는 것이었다. 나는 이곳에서 이런 울타리를 많이 보았다. 경계 지점에 놓여 서로 얽어맨 큰 나무뿌리들은 울타리라기보다는 성벽처럼 보였다. 그러나 나무뿌리 울타리는 매우 효과적이었고, 오래, 아주 오래갔다.

어떤 날은 불운했다. 새 친구 몇몇이 우리를 데리고 나가 시골길을 따라 걷는데, 길가를 따라 탐스러운 산딸기가 보였다. 날씨는 더웠고 목이 마른 터라, 산딸기를 보니 반갑고 군침이 돌았다. 걸음을 멈추고 한껏 따 먹었다. 그런데 미처 몰랐던 게 있었다. 내가 산딸기를 따 먹는 동안, 모기들이 내 발목을 뜯어 먹었다. 발목이 풍선처럼 부어 사흘이 지나도록 가라앉지 않았고, 미치도록 가려웠다. 앞서 말했듯이, 사람은 살면서 배운다.

우리는 북쪽으로 수백 킬로미터를 달려 야생과 호수들이 펼쳐진 지역으로 향했다. 멋진 여행이었다. 이따금 마을을 지났는데, 내 고향 마을과는 사뭇 달랐다. 일종의 여관이 하나 있었고, 주유 펌프 하나가 있었으며, 나무로 지은 오두막이나 방갈로 형태의 집이 몇 채 있을 뿐이었다. 그러나 이러한 작은 마을 한가운데 공터가 있었는데, 그 중앙에 튼튼한 기둥이 박혀 있었고, 거기에 작은 갈색 곰 한 마리가 묶여 있었다. 엘리자베스는 아주 신이 나서 좋아했으나 조금 무서워하기도 했다. 괜찮았다. 새끼 곰이 원하는 건 음료수였다. 새끼 곰 주변에 빈 음료수 병이 수십 개 흩어져 있었다. 그런데도 새끼 곰은 여전히 목이 마른 모양이었다. 우리가 음료수를 한 병 건네자 새끼 곰은 게 눈 감추듯 마셔 치우고는, 병을 거꾸로 들고 마지막 한 방울까지 다 마시더니 한 방울이라도 더 남았을까 싶어 병 속을 살폈다. 이 광경에 엘리자베스는 좋아서 어쩔 줄 모르며 소리를 질렀다. 그 자리를 떠나지 않겠다고 떼까지 썼다. 돌아오는 길에 다시 보러 오겠다고 약속하자, 그제야 엘리자베스는 마지못해 고개를 끄덕였다.

우리는 호숫가에 자리한 목장 형태의 호텔에 묵었는데, 아주 좋았다. 다행히 모기장 덕분에 밤에 모기에게 뜯기지 않아 너무너무 감사했다. 나는 몹시 지친 데다 맑은 공기 덕에 깊이 잠이 들었으나, 시끄러운 소리에 잠이 깼다. 우리 방 창문 아래쪽에서 시끄러운 목소리, 바퀴가 자갈길을 구르는 소리, 말이 콧김을 내뿜고 힝힝대는 소리가 들렸다. "레드 인디언들"^{Red Indians}이었다! 심장이 마구 뛰었고, 황급히 마틴을 깨우려 했다. 그때 잠이 번뜩 깨어 제정신이 들었고, 늦은 손님들이 당도한 것임을 알았다. 거짓말 같은가? 하지만 조금도 꾸며 내지 않은 사실 그대로다.

어느 날 기차 여행 중에 값진 교훈을 얻었다. (어디서 어디로 가는 중이었는지는 기억나지 않는다.) 산과 나무로 들어찬 나라의 아름다운 풍경을 보노라니, 눈이 편안해지는 게 매 순간순간이 다 즐거웠다. 기차는 골짜기를 따라 달리고 있었다. 넓은 골짜기 건

너편은 나무로 뒤덮인 높은 산이었다. 짙은 녹색의 침엽수들이 해를 향해 쭉쭉 뻗어 있었다. 그런데 앞쪽에 늘어선 나무들은 달랐다. 그 나무들은 금빛과 붉은 빛이었고, 뒤에 어두운 색의 침엽수들이 배경을 이루고 있어 너무나 아름다웠다. 다음 역에서 내렸을 때, 나는 한 사람에게 물었다.

"아름답지 않나요?"

그러자 그가 대답했다. "네, 아름답지요. 멋져 보이죠? 하지만 거의 죽은 나무들이에요. 여름 동안 저런 모양으로 있다가, 혹독하게 추워지면 얼음과 눈과 강풍에 부러지고 부서질 거예요. 생명이 없거든요."

그의 말을 믿어야 했다. 모든 게 이해되었다. 혼자 생각했다. 우리 모습이 꼭 그 나무들 같다! 우리는 멋진 그리스도인으로 보일지 모른다. 그러나 "혹독한 날씨"가 닥치면 우리 안에 정말 생명이 있는지 드러날 것이다.

관광의 백미는 나이아가라 폭포였다. 사우스웨일스의 라넬리Llanelli에 사는 친구들의 아주 가까운 친척이 토론토에 살았다. 우리는 전에 그 가족을 만난 적이 있었고, 이미 그 집에서 묵은 터였다. 엘리자베스는 열두 살배기 언니 매리언이 잘 놀아 줘서 아주 신이 났다. 친척들로서는 안타깝게도, 이 가족은 영적인 일에 그다지 관심이 없었다. 하지만 우리에게 무척 친절했고, 시간 나는 대로 멋진 풍경을 되도록 많이 보여주고 싶어 안달이었다.

이들이 나이아가라 여행을 계획했다. 우리에게는 절대 잊지 못할 추억이었다. 거대한 세인트 로렌스 강St. Lawrence River이 물보라를 일으키며 까마득한 폭포를 이뤄 떨어지는 장관을 불과 몇 미터 앞에서 지켜보노라니 숨이 멎을 것 같았다.

볼거리가 더 있었다. 다리 건너 미국 쪽에, 단단한 바위 같아 보이는 지역 아래로 리프트를 타고 내려가니 폭포 하단부가 바로 앞에 펼쳐졌다. 꼭대기에서 보는 광경도 엄청났다. 하지만 아래쪽에서 보니 거의 말문이 막혔다. 사람이 이렇게 엄청난 자연의 힘을 이용해 그 넓은 지역에 필요한 모든 전기를 공급한다는 사실에 놀랐고 숙연해졌다. 나이아가라를 창조하신 하나님께서 인간 속에 놀라운 두뇌와 능력을 창조하신 게 분명했다. 시그램 타워Seagram Tower—런던의 포스트 오피스 타워Post Office Tower 같았다—에 앉아 전 지역을 한눈에 감상하며 점심을 먹는 것으로 나이아가라 관광을 마쳤다. 아주 이상하게도, 엘리자베스는 몇 년 후 가족과 함께 나이아가라를 다시 찾았을 때, 네 살 반 무렵에 그곳에 왔던 일을 전혀 기억하지 못했다. 하지만 폭포 아래쪽에 섰을 때 모든 것을 기억해 냈다.

마틴이 우리 없이 몇 차례 긴 여행을 하고 있을 게 틀림없었다. 예를 들면, 그는 셔토쿼를 방문했고, 그 외에도 이런 초청을 여러 차례 받았다. 그러나 로버츠 박사는 자신이 휴가 중이라는 걸 기억했고, 그래서 호수로 함께 낚시 여행을 가자며 마틴을 설득했다. 두 사람은 월요일부터 금요일까지 낚시를 떠났다. 마틴은 낚시라는 걸 해본 적이 없었다. 물론, 이후에도 다시 낚시를 하지 않았다. 구슬이 한데 꿰어 있듯이 호수들이 죽 늘어선 거친 야생 지대였고, 주변에는 산과 나무, 사람의 손길이 전혀 닿지 않은 초목이 우거진 숲이었다. 로버츠 박사는 몇몇 원시적인 숙소를 알았고, 그래서 두 사람은 천막에서 자지 않아도 되었다. 모기를 비롯해 특히 작은 날벌레들이 끊임없이 성가시게 했으며, 이들이 마주친 야생 동물이라고는 이놈들이 전부였다. 노를 젓는 일종의 보트를 타고 낚시를 했는데, 인디언이 동승해 노를 저었고, 호수의 끝 지점에서 다음 호수의 시작 지점까지 보트를 끌고 갔다. 이들이 잡은 물고기는 일종의 송어^{lake trout}였는데, 마틴은 평생 처음으로 물고기를 몇 마리 낚았다. 그중 한 놈은 꽤 큰 연어만 했는데, 마틴이 혼자 힘으로 잡았다. 마틴은 아무도 자기 말을 안 믿을 경우를 대비해 꼭 사진을 찍어야 한다고 우겼다. 주말에 그가 잡은 송어를 먹었는데, 입에서 살살 녹았다. 마틴은 그 주간을 기분 좋게 보냈고, 숙소로 돌아왔을 때는 마치 레드 인디언 같았다.

엘리자베스가 기억하는 일이 하나 있었다. 우리와 함께 참석했던 매우 "성대한" 만찬이었다. 푸저 부인, 앞에서 말한 부유한 노부인이 우리를 초대했다. 부인은 우리가 엘리자베스를 전혀 낯선 사람들에게 떼어 놓기란 어렵기 때문에 사실상 초대를 받아들일 수 없다는 것을 알고는 엘리자베스도 꼭 데려오라고 했다. 우리 부부와 로버츠 박사 가족을 비롯해 몇몇이 큰 식탁에 둘러앉았을 때, 엘리자베스는 내게서 몇 미터 떨어져 작은 식탁에 혼자 앉아 인형을 갖고 놀았다.

그러나 우리가 막 떠나려 할 때 일이 벌어졌다. 그때를 되돌아보면 무엇보다도 이 일이 떠오른다. 우리가 인사를 건네고 자동차에 막 타려는 참이었다. 그때 엘리자베스가 울음을 터뜨렸다. 인형을 두고 나왔던 것이다. 마틴이 인형을 가지러 현관으로 돌아갔다. 현관문은 강철판 같았다. 마틴이 벨을 눌렀고, 멀리서도 벨소리가 들렸다. 순간, 가로세로 15센티미터 정도 되는 작은 판넬 하나가 삐걱하고 열리더니 걱정스런 얼굴이 하나씩 내다보았다. 마틴은 자초지종을 설명했다. 안에서 뭐라고 의논하는 소리가 들리고, 마침내 작은 "철의 장막"이 열리더니 인형을 든 팔이 불쑥 튀어나왔다. 마틴이 인형을 받아들자 팔은 다시 들어갔고, 문은 빠르게 닫혔다. 고맙다는 말을 전하려 해도 그럴 시간조차 없었다. 그들은 잔뜩 놀랐고, 철문이 다시 닫힐 때까지는 자신들이 안전하지 않다고 느꼈다. 1932년에는 이런 일이 도저히 믿기지 않았고 어리석은 짓으로 보였으나 지금은 그렇지 않다.

마침내 8월 마지막 주일이 되었다. 모임마다 사람들이 가득 들어찼고, 따뜻한 작별인사도 나누었다. 우리는 퀘벡에서 배를 탈 예정이었다. 그러려면 오랜 시간 기차를 타고 퀘벡에 가서 하룻밤을 묵어야 했다.

토론토 친구들은 하나같이 말했다. "반드시 샤토 프롱트낙
Château Frontenac에서 묵어야 합니다. 퀘벡에서 우뚝 솟은 절벽에 자리
한 멋진 호텔이거든요. 최신식 럭셔리 호텔이랍니다."

우리는 퀘벡에 도착했지만 샤토를, 또는 그 어디라도 어떻게
찾아가야 할지 전혀 몰랐다. 모든 게 혼란스러웠다. 마치 프랑스
처럼 모든 게 프랑스어였다. 그때 갑자기 작은 사무실이 눈에 들
어왔다. 큰 책상에 아가씨가 앉아 있었는데, 그 위에 영어가 가능
하다는 안내문이 붙어 있었다. 사막의 오아시스였다! 우리는 그
곳으로 가서, 내일까지 기다렸다가 배를 탈 예정인데 샤토 프롱
트낙으로 가려면 어떻게 해야 하냐고 물었다. 매우 친절한 아가
씨는 우리를 잠시 쳐다보다가 엘리자베스를 보더니 부드럽게 말
했다. "샤토 프롱트낙에는 왜 가시려 하세요?" 마틴은 그렇게 하
라고 조언을—어쩌면 압력을—받았다고 했으며, 달리 어디로 가
야 할지 알지도 못한다고 했다. 아가씨는 마음을 굳혔다. "거기에
가시지 않는 게 좋을 거예요. 특히 이렇게 어린아이를 데리고 간
다면 말입니다. YWCA에 가시면 아이가 훨씬 더 좋아할 거예요.
하룻밤 묵기에 더없이 즐거운 곳이거든요. 제가 택시를 불러 드
리지요."

우리는 일종의 호객행위에 말려들었으나, 거의 눈치채지 못
했다. 어쨌든 우리는 YWCA에 도착했고, 그 아가씨가 옳았다는

데 동의한다. 사방으로 잔디가 깔려 있는 아름다운 고택古宅이었고, 세인트 조지 74번지를 떠올리게 했으나 그곳보다는 훨씬 넓었다. 우리는 시원하고 편안하며 조용한 그곳에서 호사를 누렸으며, 이튿날 퀘벡을 조금 돌아본 후 결코 잊지 못할 추억을 간직한 채 더 엠프레스 오브 브리튼 호를 타고 아무 탈 없이 집으로 향했다.

집을 떠나 있는 동안, 마틴은 매주 샌드필즈 교회에 편지를 썼다. 편지 하나하나는 이를테면 한 주간의 일기였다. 마틴은 자신이 한 일, 설교한 내용과 청중들의 반응, 자신이 보고 듣는 중에 떠오른 생각을 편지에 썼다. 사실상 한 주에 대한 중계방송이었다. 그러면서 마틴은 샌드필즈에 있는 양떼의 건강을 늘 걱정했다. 말하자면 그의 편지는 목회서신이었다. 윈 토머스 목사님은 마틴의 편지를 교회에서 읽어 주었고, 마틴은 자신이 캐나다에서 8주를 어떻게 보내는지 교인들이 시시콜콜 다 안다고 생각하니 더없이 행복했다. 하지만 안타깝게도 그 후로 아무도 그 편지를 보지 못했고, 그 편지가 어떻게 되었는지 알지 못한다. 추측컨대, 토머스 목사님이 그 편지를 E. T. 리스에게 주어 교회에서 보관하게 해야겠다는 생각을 전혀 하지 못했을 테고(그는 샌드필즈 교회 공식 서기였다), 리스 형제도 그 편지를 달라고 하기가 뭣했을 것이다. 아무도 모른다. 윈 토머스 목사님이 세상을 떠났을 때(사모님이 먼저 세상을 떠나셨다), 그분의 유품을 정리하는 분들에게 편지를 해서, 혹시라도 그 편지를 찾게 되면 우리에게 보내 달라고 부탁했다. 그러나 편지는 우리 손에 오지 않았다. 그 편지가 우리 손에 왔다면 이 장[#]은 한 권의 책이 되고도 남았을 것이다. 틀림없이 내용이 풍성하고 재미있었을 것이다.

　마틴은 1937년에 다시 대서양을 건넜다. 그러나 이번에는 가족과 함께 가지 않았다. 그해 1월에 둘째 딸 앤^{Ann}이 태어났고, 갓 6개월밖에 되지 않았기 때문이었다. 마틴이 미국을 돌며 설교를 하는 동안, 나는 앤과 엘리자베스를 데리고 해로에 자리한 친정 부모님 댁에서 지냈다. 내게는 마틴의 미국 방문에 얽힌 모든 얘기가 담긴 편지가 도서관이라도 차릴 만큼 잔뜩 있지만, 모두 웨일스어라 번역을 해야 한다. 나중에 활자로 소개되지 않을까 싶다. 마틴은 6주 동안 매우 재미있고 풍성한 사역을 했고, 소중하고 친절한 사람들도 많이 만났다. 그러나 편지마다 향수병을, 때로는 약하게 때로는 강하게 호소했으며, 다시는 혼자 여행하지 않겠다고 천명했다. 그 말 그대로 마틴은 다시는 혼자 여행하지 않았다.

6

일리엄／놉스

윌리엄 놉스$^{William Nobes}$ 형제가 언제 처음 우리 곁에 왔는지는 기억나지 않을 뿐더러, 그가 우리 곁에 없었던 순간도 기억나지 않는다. 그는 은퇴자였으나, 그렇게 나이가 많다는 생각이 들지는 않았다. 그는 친구들 사이에서 친근하게 노비^{Nobby}로 통했는데, 그가 일하던 시절에 얻은 더 오래된 별명이 불쑥 튀어나오곤 했다. 나는 어리둥절했고, 그래서 방금 그를 이렇게 부른 사람에게 물었다. "왜 멋쟁이^{Kingy}라고 하나요?" 그 사람의 대답에 모든 의문이 풀렸다. "그 친구, 막노동꾼^{navvy}이었거든요." 알지 못하는 어떤 이유에서, 모든 막노동꾼은 "멋쟁이"였다.

윌리엄 놉스는 거의 소년처럼 야위고 호리호리했다. 그는 늘 흐트러짐 없이 깨끗하고 깔끔했으며 아주 잘생겼다. 얼굴은 늘 단정했고, 눈동자는 파랗고 맑았으며, 수염은 말끔하게 깎았고, 안색은 조금 창백했으며, 머리는 희었고, 미소가 떠나지 않았다. 조용했고 야단스럽지 않았으며, 사람들 앞에서 말하길 좋아하지 않았다. 그가 말하는 모습은 하나밖에 기억나지 않는데, 꼭 기억해야 할 상황이었다. 교제 모임 때였다.

이야기가 자유롭게 오갔고, 감동적일 때가 많았다. 그래서인지 윌리엄 놉스는 무슨 말을 해야겠다는 생각이 들어 자리에서 일어나더니, 자신의 회심 이야기를 들려주었다. 입심 좋게 말하거나 쉽게 말하지도 않았고, 머뭇거리며 말했다. 목소리는 부드러웠고 남부 지방의 억양이 배어났다. 모든 시선이 그에게 고정

되었고, 다들 숨죽인 채 그가 무슨 말을 할지 잔뜩 기대했다.

그는 자신의 어린 시절이나 선조들이 그리스도인이었는지에 대해서는 거의 말하지 않았다. 그가 전에 양심의 가책 때문에 또는 죄를 깨닫고 괴로워한 적이 있었는지 모르겠다. 그때 그에게 좀 더 물어보았으면 좋았을 텐데! 내가 느끼기에, 그는 포학하고 난폭한 죄인이었던 적은 전혀 없었을 것이다. 그러나 그는 하나님께는 전혀 무관심했고, 영적인 일에 눈곱만큼도 관심이 없었다. 그런데 그가 중년이 되었을 때, 어떤 꿈을 꾸게 되었다.

그 꿈이 얼마나 무섭고 생생했던지, 그의 이야기를 듣던 우리도 두려워 떨었다. 꿈에서, 그는 불타는 구덩이 위에 필사적으로 매달려 있었으나 아무도 그를 도와주지 않았다. 그의 위에는 거대한 공이, 거대한 지구처럼 입구를 막고 있었다. 아래에서 올라오는 뜨거운 열기에서 벗어나 깨끗하고 신선한 공기를 마시려고, 그는 큰 공을 필사적으로 기어올랐다. 이따금 두세 발, 혹은 조금 더 올라갔으나, 때로는 한두 뼘도 제대로 오르지 못했다.

그는 공에서 가장 넓은 부분을 지나왔다고 생각했다. 그러나 두려움과 고통을 극복하려는 모든 노력에도 불구하고, 결과는 언제나 똑같았다. 그는 조금도 더 나아가지 못했고, 자신이 확보한 자리를 지키지도 못했으며, 무기력하게 다시 미끄러져 내려 처음 자리로 떨어졌다.

이런 상태가 영원히 계속될 것 같았다. 마침내 모든 희망이 사라지고, 지옥이 턱을 쫙 벌리고 그를 삼키려 했다. 그는 다시 한 번 머리 위의 빛을 올려다보며 필사적으로 외쳤다. 빛 속에 누군가 자신을 내려다보고 있었다. 사랑과 긍휼이 가득한 얼굴이었다. 마침내 손이 내려오더니 그를 붙잡아, 모든 공포에서 끌어올려 부드러운 땅에 세웠다. 그제야 맑고 깨끗한 공기가 몸속으로 들어왔다.

다윗이 뭐라고 했던가? "내가 여호와를 기다리고 기다렸더니 귀를 기울이사 나의 부르짖음을 들으셨도다. 나를 기가 막힐 웅덩이와 수렁에서 끌어올리시고 내 발을 반석 위에 두사 내 걸음을 견고하게 하셨도다. 새 노래 곧 우리 하나님께 올릴 찬송을 내 입에 두셨으니"(시 40:1-3). 윌리엄 놉스도 이렇게 말할 수 있었고, 이 말은 틀림없이 그에게도 적용되었다. 그때부터, 그는 사랑하고 감사하며 하나님 앞에서 살았다.

윌리엄 놉스는 세상에서 매우 가난했다. 쥐꼬리 같은 연금으로 간신히 연명하고, 단칸 셋방에서 근근이 살았다. 그러나 절대로 불평하거나 투덜대지 않았다. 누가 가족과 친척에 대해 물으면, 늘 이렇게 대답했다. "저희는 네 식구예요. 침대, 식탁, 성경책, 저, 이렇게 넷이에요."

어떤 사람은 그가 천국에 이름이 기록되어 있더라도 땅에서의 삶에 대해서는 기록할 게 많지 않다고 느낄지 모르겠다. 어쩌면 그럴 수도 있겠다. 그러나 윌리엄 놉스에게는 본래 따뜻한 심성 말고도 드물고 귀한 은사, 그렇게도 수줍음이 많고 내성적인 사람의 은사라고 보기에는 놀라운 은사가 있었다. 그는 언제 어디서나 누구에게라도 하나님과 영적인 것들을 무례하지 않게 말해 줄 수 있었다.

시장 입구 공터에 창턱이 하나 있었다. 그곳은 햇볕이 아주 잘 들었고, 윌리엄 놉스는 거의 언제나 그곳에 앉아 행복한 표정으로 부드럽고 친절하게 얘기를 건넸다. 잠시 걸음을 멈추고 그에게 말을 건네는 사람이라면 누구에게라도 말이다.

이따금 더없이 좋은 의도를 가진 그리스도인들의 서툰 몰지각을 접할 때면, 주제넘지 않고 부드러운 주님의 제자가 보여주는 이러한 은사는 참으로 차원이 높다는 것을 알았으며, 그의 자리가 세 "거장들" 중에는 아니더라도 서른 중에는 틀림없이 있으리라는 생각이 늘 들었다.

윌리엄 놉스는 살았던 그대로 조용하고 평화롭게 세상을 떠났다. 가족도 없었고, 우리가 알기로 살아 있는 친척도 없었다. 그러나 그는 왕의 아들이었고, 장례식 날 "확실하고 분명한 부활의 소망"을 품고 세상을 떠나 안식에 드는 자신을 배웅해 줄 "가족"이 있었다. 마지막 떠나는 길에서도, 윌리엄 놉스는 살아서 증언했다. 많은 교인들, 곧 그의 가족이 소박한 관을 앞세우고 목사님을 따라 마을을 지나 5킬로미터나 떨어진 산기슭 묘지까지 따라 갔다. 이러한 광경은 지켜보는 많은 구경꾼들—호기심과 관심을 보이는 사람들, 부주의한 사람들, 생각이 깊은 사람들—의 마음에 무엇인가를 증언하고 있었다. 바쁜 일상 가운데, 하나님의 말씀이 우리에게 말하는 "보이지 않는 것들이 영원함"을 일깨우고 있었다.

7

어느 주일 밤이었다. 나는 예배당 뒤쪽 내 자리에 일찌감치 자리를 잡았다. 그때 조니 모트Johnnie Mort 형제가 들어와 늘 앉는 앞쪽 자리로 가려다가 머뭇거리더니, 걸음을 멈추고 내게 속삭였다. "사모님, 오늘 밤에 마귀의 장수를 하나 데려왔습니다. 그가 회심하도록 기도해 주세요."

조니 형제를 따라 앞으로 걸어가는 남자를 유심히 쳐다보았다. 예배가 시작되었고, 설교를 **그의** 귀로 듣지 않기가 어려웠다. 예배가 끝나고 폐회 찬송을 부르는 동안 많은 교인이 돌아갔으나 잠시 후 애프터 미팅이 열렸다. 돌아가는 사람들 중에 조니 모트와 그의 친구도 있었다.

이들이 통로를 따라 나갈 때, 그의 모습을 더 자세히 볼 수 있었다. 가냘프고 키가 크며 깡마른 체격에, 가는 백발은 가지런히 빗은 상태였고, 조금 쑥스러운 표정을 지었으며, 콧수염이 엄청 길었다. 콧수염은 조심스럽게 왁스를 먹여 양 옆으로 곧게 편 상태였는데, 끝에서 끝까지 갸름하고 긴 얼굴보다 훨씬 길었다. 콧수염은 그의 자랑이자 기쁨이었고, 그는 가장 긴 콧수염이라는 타이틀을 방어하기 위해서라면, 사랑하는 여인을 지키려고 싸우려 들었던 옛날 기사처럼 싸울 태세였다.

며칠 후, 조니 모트는 우리를 찾아와 친구에 얽힌 얘기를 조금 들려주었다. 그의 이름은 마크 맥캔Mark McCann이었고, 아버지와 어머니는 각각 스코틀랜드와 아일랜드 혈통이었다. 그는 60대였고, 한때 광부였다. 그러나 그의 삶에서 일은 늘 뒷전이었던 것 같다. 그는 주로 이 시장 저 시장으로 떠돌았는데, 때로는 꽤 먼 거리를 걷기도 하고 차를 얻어 타기도 했다. 무엇을 위해? 바로 싸우기 위해서였다. 싸움은 그에게 호흡이었다. 그는 자기 입으로, 멋진 싸움을 위해서라면 어디든 가겠다고 했다.

친구들은 그를 자극하는 법을 정확히 알았다. 그가 술을 몇 잔 걸치고 나면, 아주 조그마한 도전이나 모욕으로도 충분했다. 그는 누가 자신의 콧수염에 대해 비웃거나 이러쿵저러쿵하면, 어떤 사람의 콧수염이 더 멋지거나 더 길다고 하면, 어김없이 폭발했고 싸움이 붙었다.

이 바닥에서 그의 기량은 의심의 여지가 없었다. 실제로 그는 대단한 싸움꾼이었다. 유난히 긴 팔 덕분에 주먹이 닿는 사정거리가 길었고, 늘 걸어 다닌 터라 몸매도 잘 잡혔고 운동도 많이 했다. 그러나 무엇보다도 성미가 불같아서 누구도 막지 못했다. 일단 성미에 불이 붙으면, 그는 미친 사람이나 다름없었다. 상대를 때려눕히는 것으로는 성에 차지 않았다. 그의 말에 따르면, 드물게 성미가 발동하면 죽여야 직성이 풀렸다. 그래서 쓰러진 상대에게 달려들어 머리를 바닥에 찧었다. 먹잇감을 절대 놓지 않는 사냥개마냥 절대 그만두려 하지 않았다.

그도 자신의 이러한 성향에 겁이 났고, 자신이 갈수록 더 포악해진다는 사실을 알았다. 그래서 싸움을 시작하기 전에 꼭 두 친구에게, 일단 상대를 때려눕히면 어떻게든 자신을 뜯어말리게 일러두었다. 이렇게 하면 그가 성질을 죽이고 승자의 상금을 챙기는 데 도움이 될 터였다.

마크 맥캔은 언젠가 내게 자신의 이러한 미치광이 기질에 얽힌 섬뜩한 얘기를 하나 더 들려주었다. 어느 날 그는 저녁을 먹으러 집에 들어왔다. 음식이 가득 담긴 그의 접시가 식탁에 놓여 있었다. 그런데 손을 씻고 돌아와 보니, 기르던 개가 그의 저녁을 먹고 있었다. 그는 고개를 숙이고 내 눈을 피하며 말했다. 그 개를 부엌 싱크대로 끌고 가 빵 칼로 머리를 잘라 버렸다고. 이런 말을 하면서 허세를 부리거나 자랑스러워한 게 아니라 심히 부끄러워했고, 마치 가장 안 좋은 일을 말하듯이 낮은 목소리로 말했으며, 자신은 자비가 필요하다고 거듭 강조했다.

그 첫 번째 주일 밤에, 마크 맥캔은 하나님의 성령에 사로잡혔다. 그는 애프터 미팅이 있는 줄도 몰라 참석하지 않았으며, 조니 모트는 지혜롭게도 그에게 아무 말도 하지 않았다. 하지만 그는 무슨 일이 일어나고 있음을 느꼈다. 그다음 주일에는 다른 목사님이 우리 교회에서 와서 설교를 했다.

조니 모트가 깜짝 놀라게도, 저녁 예배가 끝날 무렵 맥캔은 예배 후에 애프터 미팅에 참석하겠다고 속삭였고, 자신의 말대로 했다. 물론, 조니 모트가 놀란 표정으로 반신반의하며 그의 곁을 지켰다. 그는 초청invitation에 답해 자리에서 일어났고, 엄숙한 기뿜으로 초청을 받아들였으며, 그 순간부터 변화된 모습, 늘 신실하고 진정으로 거듭난 사람의 모습을 보였다. 그는 이제 교회가 사랑하고 양육해야 할 다소 늙은 "아기"였다.

여러 달 후, 마크 맥캔이 내게 말했다. 자신이 그 첫날 밤에 회심했다는 것은 알겠는데, 그동안 너무 수줍거나 너무 소심해서, 혹은 왠지 모르게 입으로 고백하지 못했다고 했다. 그 주 내내, 그는 점점 불안해졌다. 자신이 고백할 기회를 놓쳤고, 하나님이 자신을 포기하셨을지 모른다는 생각 때문이었다. 한 주가 그렇게 느리게 흐른 적이 없었다. 그는 불안이 극에 달했고, 그래서 결단을 내렸다. 두 번째 주일 저녁 애프터 미팅 시간에 초청을 받았을 때, 그 초청이 물에 빠진 사람에게 던져진 생명줄 같았다고 했다. 그는 이렇게 말했다. "박사님이 그 자리에 계시지 않아 서운했어요. 박사님이 저를 받아 주실 때까지 기다리고 싶었어요. 하지만 도저히 한 주를 더 기다릴 수 없었어요."

마크 맥캔에게는 가족이 있었다. 아내와 다 자란 자녀가 네다섯 명 있었는데, 막내딸은 열다섯 살 정도였다. 그중에 맏아들 톰이 그나마 똑똑했다. 그런데 불행히도, 톰은 그 좋은 머리로 아버지를 골탕 먹이길 좋아했다. 나는 주님께서 맥캔이 곤란할 때 멋진 대답으로, 필요할 때 경우에 맞는 말로 도우시는 모습에 끊임없이 놀랐다. 맥캔이 처음에는 영적인 것을 전혀 몰랐기 때문이다. 이와 관련된 좋은 예가 기억나는데, 그는 반쯤은 주저하며,

반쯤은 변명하는 투로 내게 얘기를 들려주면서 자신이 옳게 말했는지 알고 싶어 했다.

> 톰: 아버지, 예수 그리스도라는 분이 매우 좋다고 하셨지요?
>
> 맥캔: 그래, 아들. 그렇고말고. 그분은 좋은 분이야, 매우 좋은 분이지. 아니, 가장, 가장 좋은 분이지.
>
> 톰: 아버지도 전쟁과 싸움은 나쁜 거라고 믿죠?
>
> 맥캔: 그래, 아들. 그렇고말고. 아주, 아주 나쁜 거지.
>
> 톰: 성경은 예수 그리스도라는 분이 제자들에게 칼을 가지라고 했다는데요!

이럴 때, 맥캔이 뭐라고 대답해야 하겠는가? 그는 주님께서 "내가 너희의 모든 대적이 능히 대항하거나 변박할 수 없는 구변과 지혜를 너희에게 주리라"라고 약속하셨다는 사실을 몰랐다(눅 21:15). 하지만 그는 그때뿐 아니라 나중에도 이것을 숱하게 증명해야 했다. 대화 말미에 맥캔은 이렇게 말했다. "그래, 아들. 성경이 예수 그리스도께서 우리에게 칼을 가지라고 하셨다면, 그건 틀림없이 우리의 죄를 잘라 내게 하기 위해서일 거야!"

주석이나 신학 논문에는 없는 말이다. 그러나 목적에 맞고 아주 효과적인 말이었다. 톰은 한마디도 더 못한 채 슬그머니 꼬리를 내리고 돌아서 사라졌다.

그의 가족은 자신의 영적 상태에 조금도 관심이 없었다. 그러나 마크 맥캔이 살아 있을 동안 그의 가족은 모두 주일 예배에 참석해야 했다. 가족이 맥캔을, 아주 오랫동안 자신들을 공포에 몰아넣었던 그의 분노를 두려워했는지, 이제 자신들이 누리는 평화에 대해 교회와 연관된 "알지 못하는 하나님"에게 감사했는지 나는 모른다. 그러나 맥캔이 살아 있을 동안, 가족은 모두 그의 말에 순종해 주일 예배에 참석했다. 맥캔으로 말하자면, 예배를 기뻐했고 예배 구석구석에 관심을 보였다. 그뿐 아니라, 맥캔은 비록 인간적인 눈으로 보자면 더없이 무지하고 배우지 못했으나, 진정한 영적 이해와 무엇이 옳은지 분별하는 본능을, 하나님이 주신 본능을 가진 것으로 보였다.

맥캔은 회심한 지 몇 주 후, 어느 수요일 밤에 열린 교회 교제 모임에서 여느 때처럼 뒤쪽에 앉아 모든 토론을 흥미롭게 들으며 한마디도 놓치지 않았으나 한마디도 하지 않았다. 맥캔이 사람들 앞에서 말하는 것을 본 기억이 없다. 기도로 모임이 끝난 후, 박사는 여느 때처럼 문에 서서 돌아가는 사람들과 악수를 하며 인사를 나누었다. 그때 맥캔이 그에게 다가왔다. 하지만 이제 좀체 그를 알아보기 어려웠다. 그의 자랑이자 기쁨이었던 콧수염이 오간 데 없었고, 윗입술에 깔끔하게 손질한 작고 평범하며 야단스럽지 않은 대체물이 있을 뿐이었다. 박사는 놀란 마음을 진정하고 맥캔이 왜 이렇게 했을지 여러 모로 생각해 보고는 이렇게 말했다.

"맥캔 형제님, 잠시만 기다려 주시겠어요? 형제님에게 할 말이 있거든요."

박사는 혹시라도 참견하기 좋아하는 몰지각한 사람들이, 설령 좋은 의도에서라도 새내기 회심자를 "귀찮게 하지" 않았을까 걱정이 됐다. 그래서 누가 그에게 콧수염을 깎으라고 했느냐고 물었다.

"박사님, 아무도 시키지 않았어요. 아무도 깎으라고 하지 않았어요."

"그럼, 왜 콧수염을 깎으셨어요?"

맥캔은 쑥스러운 듯 발을 끌고 머뭇거리며 거의 더듬듯이 말했다.

"박사님, 어느 날 아침에 면도를 하다가 거울에 비친 제 얼굴을 보았습니다. 물론, 제 콧수염을 보았고요. 그때 제 자신에게 말했습니다. '이런 건 그리스도인에게 어울리지 않아.' 그래서 깎아 버렸습니다."

맥캔은 처음부터 온 마음을 다했다. 그는 이 외에도 "그리스도인들에게 어울리지 않는" 것들을 발견할 때마다 과감히 버렸다. 술을 끊기란 전혀 어렵지 않았다. 그러나 그의 성질이 문제였다. 맥캔도 자기 성질을 알았고, 어쨌든 성질을 죽이는 데 성공했다. 거의 기적이나 다름없었다.

어느 날 저녁 주말 모임을 마치고 집으로 돌아가려던 참이었다. 서너 명이 맥캔에게 무슨 말을 하고 있었고, 나는 "안녕히 가세요"라고 인사를 건네며 그 앞을 지나갔다. 그때 그중에 한 사람이 내게 말했다.

"존스 사모님, 맥캔 형제가 글을 읽을 줄 모른다는데, 수치스러운 일 아닌가요?"

"글을 못 읽는다고요?" 나는 적잖게 놀랐다. "아뇨. 부끄러운 일이 아니고, 안된 일이지요."

"알다시피, 맥캔 형제님은 배운 적이 없어요." "글을 몹시 읽고 싶을 거예요." "성경을 못 읽으니까요." 다양한 목소리가 합창처럼 터져 나왔다. 맥캔은 고개를 숙인 채 발을 끌었다. 내가 물었다.

"맥캔 형제님, 글을 전혀 못 읽으세요?"

"네, 전혀 배운 적이 없거든요. 제대로 학교에 다녀 본 적이 없습니다. 늘 땡땡이만 쳤고, 그래서 글을 못 읽어요."

그에게는 사방에 절망뿐이었고 희망이 없었다. 내가 알기로, 아이에게 읽기를 가르치기란 아주 쉬웠다. 그래서 50대 중반이나 후반의 아저씨에게 읽기를 가르치기란 조금 어려울지 모른다는 생각이 들었으나, 어머니가 일흔을 훌쩍 넘긴 매튜Matthews 할아버지에게 읽기를 가르치던 모습이 떠오르자 이내 이런 생각이 사라졌다. 어머니는 전혀 어려워하지 않으시는 것 같았다.

여기서 잠시 곁길로 나가야겠다. 매튜 할아버지가 누군지 짚고 넘어갈 만해서다. 매튜 할아버지는 임대 주택(농장 일꾼에게 빌려 주는 집)에 살면서 농장 노동자로 시작해 베일 오브 글러모건(웨일스의 한 주)Vale of Glamorgan에서 한평생 농부로 살았다. 그 시대에 이런 길을 걸은 많은 사람들처럼 매튜 할아버지도 학교 문턱을 밟아보지 못했고, 어릴 때부터 일밖에 몰랐다. 매튜 할아버지는 어른이 되어 결혼을 하고 한 주에 자그마치(?) 9실링으로 여러 자녀를 키웠다.

매튜 할아버지는 1904-1905년 부흥 때 회심했는데, 내 생각에 그때 60대보다는 70대에 가까웠다. 매튜 할아버지는 놀라운 성령의 역사를 직접 보고 느꼈으며, 부흥의 영광이 그를 전혀 떠나지 않았다. 그러나 그는 글을 읽지 못했고, 그래서 성경공부를 못해 깊은 박탈감을 느꼈다. 이제 매튜 할아버지는 농사일을 내려놓고, 결혼한 딸과 해로에서 살게 되었다. 딸은 신실한 그리스도인이었고, 사위도 다르지 않았다. 둘 사이에 예쁜 세 아이가 있었고, 가족은 영국 국교회에 출석했다. 하지만 매튜 할아버지는 영어를 못했고, 우리 가족이 출석하는 웨일스 교회에 다녔다.

어느 날 어머니가 우리에게, 매튜 할아버지가 읽기를 배우려는데 아침마다 수업을 받으러 온다고 했다. 우리는 호기심이 잔뜩 발동했다. 누군가 수업을 받고 싶어 한다는 사실이 좀체 믿기지 않았다. 그러나 학생은 왔고, 여러 해가 지난 지금도 그때 모습이 선하다.

옛날식으로 지은 우리 집에는 이른바 "응접실"이 있었다. 그 방을 지나면 당당하게 "온실"이라 불렀던 유리 집이 나왔는데, 어머니와 매튜 할아버지는 응접실에 앉아 공부를 하곤 했다. 한참 어렸던 남동생이 이따금 말했듯이, 두 사람은 "햇볕 나면 '응저실'에, 비 오면 '오실'에" 앉아 수업을 했다. 물론 두 사람 사이에 펼쳐진 커다란 성경은 웨일스어 성경이었고, 웨일스어는 표음 문자다. 매튜 할아버지는 금세 성경을 읽었다. 처음에는 손가락으로 단어를 하나하나 짚어 가며 떠듬떠듬 읽었으나 얼마 지나지 않아 술술, 신이 나서 읽었다. 할아버지는 *Iesu*(예수)라는 단어를 처음 접했을 때 완전히 무너져 내렸다. 두 뺨에 눈물을 줄줄 흘리며, "그분의 이름이군요. 그분의 복된 이름이군요!"라며 성경책을 들어 그 이름에 입을 맞추었다.

내가 맥캔에게 읽기를 가르칠 수 있을까라는 의심을 순식간에 몰아낸 것은 틀림없이 이런 기억 덕분이었다. 그렇더라도, 나는 젊은 데다 경험마저 없으면서 자신만만하게 말했다. "맥캔 형제님, 형제님이 배우려 노력만 하신다면, 제가 틀림없이 읽기를 가르쳐 드릴 수 있을 거예요." 대책 없는 사람 같으니라고! 내가 무슨 일을 떠맡는지 거의 알지 못했다. 맥캔은 나의 제안에 기뻐 어쩔 줄 몰라 펄쩍펄쩍 뛰었고, 우리는 수업 시간을 정했다.

첫 수업을 시작하고 몇 분이 지나자 모든 게 분명해졌다. 나는 우리 딸 엘리자베스의 읽기 책 하나를 꺼내 들었다. 한쪽에 그

림이 있고 반대쪽에 짧은 글이 있는 작은 책이었다. 책 제목은
『작은 빨간 암탉』The Little Red Hen이었다. 도무지 진전이 없었다. 음성
학이라고? 차라리 한문漢文을 가르치는 편이 더 나았겠다. 속으로
절망감이 밀려왔고, 그에게 큰 상처를 주었다는 생각에 슬퍼졌다.

두세 차례 수업을 계속했다. 하지만 전혀 희망이 없었다. 그
렇게 세 번째 혹은 네 번째 수업을 할 때였다. 내가 책을 꺼내 맥
캔에게 내밀었더니, 그는 그 책을 한쪽으로 밀쳐 내면서 반은 변
명으로, 반은 반항으로 내게 말했다.

"그 책은 읽고 싶지 않아요. 성경을 읽고 싶어요."

고백하건대, 꾸지람을 받는 느낌이었다.

"맞아요. 그렇게 합시다."

나는 이렇게 말하고, 깨끗한 성경책을 가져와 요한복음
10:11을 폈다.

"나는 선한 목자라I am the good shepherd……."

맥캔은 단어를 하나하나 손가락으로 꾹꾹 짚어 가며 철자를
하나씩 소리 내어 읽기 시작했고, 이따금 쉬운 단어는 혼자 힘으
로 읽었다. 하지만 어려운 단어가 나오면 더 나가지 못했다.

"아이…에이 엠."

'엠'am에서 한참을 떠듬거리더니,

"티, 에이치, 이?"

나는 버둥대는 맥캔을 보며 말했다. "그건 그렇게 읽는 게 아

니죠, 그렇죠? 항상 기억하세요. 티, 에이치, 이는 늘 '더'라고 읽어요."

대만족이었다. 맥캔은 절대 잊지 않았고, 이제 문은 활짝 열렸으며 빛이 들어오기 시작했다.

마크 맥캔은 단어를 외우고, 발음을 기억하며, 몇몇 문장과 친해지는 방법으로 읽기를 배웠다. 그러나 무엇보다도 단어를 귀하게 여기는 마음과 단어를 읽어 내고야 말겠다는 못 말리는 열정이 있었다.

걸림돌이 하나 더 있었다. 그에게 독서용 안경이 꼭 필요한 게 분명해졌다. 시내에 사는 마음씨 좋은 안경사가 그에게 안경을 하나 주었고(한사코 안경 값을 받으려 하지 않았다), 우리는 다시 한 번 큰 진척을 이뤄 냈다. 맥캔은 수업을 받으러 와서는 테이블에 앉아 안경을 꺼내 손수건으로 조심스럽게 닦았으며, 언제나 머뭇거리고 더듬대며 "안경에 아름다운 수정이 들어 있어요!"라고 하고는 아주 자랑스럽게 안경을 썼다.

시간이 흐르면서, 맥캔의 읽기가 눈에 띄게 향상된 게 좋은 기억력 때문인지 궁금해지기 시작했다. 그는 자신도 모르게 요한복음 10장을 다 외웠다. 마가복음 10장으로 넘어갔다. 진척이 없었다. 손가락으로 단어를 하나하나 짚어 가며 읽어도 마찬가지였고, 성경의 다른 구절들이라고 다르지 않았다. 나는 약간 실망했으나, 그를 행복하게 해주려고 언제나 요한복음 10장으로 다시 돌아갔다.

그러던 어느 날 요한복음 1장을 시도해 봐야겠다는 생각이 퍼뜩 들었다. 우리는 요한복음 1장을 폈고, 맥캔은 손가락으로 짚어 가며 읽기 시작했다. 놀라웠다. 맥캔은 매우 천천히, 떠듬떠듬, 이따금 도움을 구하면서 읽어 나갔다. 그러나 이상하게도 자신감이 넘쳤다. 1절을 다 읽고 난 후, 맥캔은 안경 너머로 나를 쳐다보며 말했다. "재미있죠? 요한복음은 읽을 줄 아는데 마가복음은 못 읽어요. 제 이름이 마가(마크)인데도 말이에요."

그 후 우리는 다른 성경은 포기하고 줄곧 요한복음만 읽었다. 특히 14장과 15장이 기억난다. 맥캔의 기쁨은 한이 없었고, 게을렀던 삶도 달라졌다. 그러나 그리 오래가지는 못했다.

어느 날 맥캔 부인이 우리 집을 찾아와, 남편이 아파서 수업을 받으러 오지 못하니 심방을 와 주었으면 한다고 했다. 나도 몸이 썩 좋지는 못했으나 박사가 출타 중이었기에 내가 가겠다고 했다. 그의 집으로 가던 길이 아직도 생각난다. 1마일이 채 안 되는 거리였다. 6월 말이나 7월 초였고, 햇볕이 사정없이 내리쬐어 무지하게 더웠다. 그러나 그의 집에서 본 광경에 비하면 아무것도 아니었다. 자그마한 거실로 들어갔더니, 마치 가마솥에 들어온 느낌이었다.

뚜껑이 열린 벽난로에서는 이글거리는 불길이 굴뚝으로 올라가고 있었다. 문과 벽난로 사이에 놓여 있는 길고 높은 테이블이 내가 들어가는 길을 거의 막았고, 테이블 옆에는 **무엇인가가** 시트에 덮여 있었다. 그 순간, 퍼뜩 어떤 생각이 스쳐갔다⋯⋯. 그러나 아니었다! 벽난로 오른쪽에서 뭔가 움직였다. 마크 맥캔이 백짓장처럼 하얀 얼굴로 좁다란 침대에 반쯤 누워 힘겹게 숨을 쉬고 있었다. 심하게 아픈 게 틀림없었다.

그는 자신이 늘 말했듯이 "기관지가 좋지 않았다." 그러나 이것은 흔한 "기관지염"이 아니었다. 얼굴은 창백했고, 머리와 얼굴에는 땀이 줄줄 흘렀으며, 체온은 펄펄 끓었고, 참을 수 없는 오한이 자주 몰려 왔다. 병세가 결코 가볍지 않았다. 이 모두로 미뤄 볼 때, 그가 어떤 상태인지 분명했다(로이드 존스 부인도 남편과 마찬가지로 의사였다―옮긴이). 무서운 "고무 폐"rubber lung 증세였다. 젊은 시절 석탄 광산에서 일해서 얻은 병이었다. 마크 맥캔은 죽어 가고 있었다. 그의 성경책과 안경은 늘 침대 가장자리 손 닿는 곳에 있었다. 이제 이글대는 벽난로의 불길이 이해가 되었다. 아내와 가족은 그가 춥기 때문에 자꾸만 오한 증세를 느낀다고 생각했던 것이다.

흰 시트로 덮여 있던 게 무엇이었는가? 이윽고 일어나 돌아가려는데, 맥캔 부인이 "존스 사모님, 잠깐만요!"라고 하더니 자랑스럽게 흰 시트를 걷었다. 그날 아침에 잡은 커다란 검은 돼지였다.

"사모님, 이놈을 잘라 베이컨을 만들어 사택으로 조금 보내 드릴게요."

섬뜩했다. "아니에요. 그러지 마세요. 귀한 고기를 허비하면 안 되잖아요."

"네? 사모님, 베이컨 안 좋아하세요?"

"아, 네(내가 뭐라고 말할 수 있었겠는가?). 몇 주 집을 비울 거예요."

부인은 알겠다며 고개를 끄덕였다.

우리는 여름휴가를 떠나기 전에 맥캔을 여러 번 찾아갔다. 그는 부드럽고 공손했으며, 대개 사랑하는 요한복음을 손가락으로 짚어 가며 읽고 있었다. 교회 형제들이 그를 부지런히 찾아왔다. 형제들은 한 번에 서너 명씩 짝을 이뤄 찾아가 그와 함께 기도하고, 그가 아주 최근에 찾은 믿음이 얼마나 복된지 들려주었다. 이런 까닭에, 그는 깊이 감사했고 평안과 기쁨이 넘쳤다.

맥캔은 점점 쇠약해지며, 떠날 때가 가까워 보였다. 그러던 어느 날, 주님께서 자비를 베푸사 그를 모든 고통에서 건져 내어 천국에 준비된 그의 집으로 데려가셨다. 교회도 우리의 "늙은 아기들" 가운데 또 하나가 영원한 안식에 든 것을 알고 기뻐했다.

8

스태퍼드셔／빌

"스태퍼드셔 빌"이 노동자 클럽에 앉아 술을 마시고 있었다. 그는 이를테면 드럼통이었다. 키는 그다지 크지 않았으나 뚱뚱했고, 언제나 셔츠와 카디건을 여러 벌 껴입고 그 위에 코트를 입었다. 늘 똑같았다. 얼굴은 아주 불그스름했고, 표정은 침울했다. 실내에서 보면 얼굴이 숱한 작은 상처로 덮여 있는 게 보였다. 술에 진탕 취하다 보니 시장에서 어김없이 싸움질을 해서 생긴 상처였다. 싸움은 그의 일상이었고, 그는 늘 이렇게 외쳤다. "이놈들아, 정정당당하게 싸워. 정정당당하게 붙으란 말이야!" 그래서 장터 사람들은 그에게 또 다른 별명을 붙였고, 그를 "정정당당 빌리"Billy Fairplay라고 불렀다.

그는 이번 주일 오후에도 혼자 클럽에 있었다. 전혀 이상할 게 없었다. 그는 늘 혼자였다. 친구가 없었다. 클럽에서 사람들은 으레 그와 한자리에 앉으려 하지 않았다. 그 가운데 다수는 자신도 모범적이지 않았을 뿐더러 하나같이 말을 조심스레 가려 하는 사람들도 아니었는데도 말이다. 하지만 스태퍼드셔 빌의 추잡한 말과 그가 늘 풍기는 불쾌감은 누구라도 참고 견딜 만한 게 아니었다. 그러기에 가장 친절한 사람들이래야 그저 "안녕하세요?"라고 인사를 건네는 정도였다.

빌에게는 자그맣지만 참을성 많은 아내가 있었다. 그의 아내가 어떻게 살고, 무엇을 견디는지는 하나님만 아셨다. 그녀는 절대 불평하지 않았고 외출도 좀체 하지 않았으며, 그렇다고 집으로 찾아오는 사람도 없었다. 그래서 그 집 사정은 거의 알려진 게 없었다. 빌이 아내를 때린다는 증거는 전혀 없었다. 오히려 빌은 언제나 술에 절어 있었고 부루퉁하며 성미가 고약했다.

세 번째 아내였다. 두 사람이 결혼한 지 얼마나 되었는지는 나도 모른다. 그가 회심한 지 몇 달 후, 거리에서 그를 만났을 때 아내의 건강에 대해 물었던 기억이 난다. 그는 눈물을 주르르 흘리며 감정에 복받쳐 떨리는 목소리로, 아내가 건강해 하나님께 감사한다고 했다. 그리고는 이렇게 덧붙였다. "사모님, 참 좋은 여자예요. 참 좋은 여자예요. 지금껏 저는 마누라 둘을 잃은 지지리도 복 없는 사람이었어요. 그래도 하나님께 감사해요. 대신에 이렇게 착한 여자를 주셨으니, 늘 감사해요." 세 번째 아내는 빌보다 오래 살았다. 그러나 이들이 사는 동네는 교회에서 언덕을 5-6킬로미터 올라가야 나왔고, 그래서 빌의 아내는 우리와 함께하지 못했다. 그녀는 동네에서 다정한 이웃들과 함께 살며 마지막을 조용하게 맞았다.

우리가 윌리엄 토머스(스태퍼드셔 빌의 본명이다)^{William Thomas}를 처음 알았을 때, 그는 거의 70세였다. 그런데도 하나님께서 "예수 그리스도의 얼굴에 있는 하나님의 영광을 아는 빛을 우리 [그의] 마음에" 비추자(고후 4:6), 그는 5-6킬로미터나 되는 가파른 언덕길을 아무렇지도 않게 생각했다. 주일에 두 번, 월요일 밤 기도회, 수요일 밤 교제 모임, 토요일 밤 형제 모임 등, 모임마다 빠짐없이 참석했고, 술에 절었던 얼굴이 변해 기쁨으로 빛이 났다.

시내에 자리한 다른 교회의 집사님이 그의 집으로 가는 길목에 살았다. 그 집사님의 아내가 내게 말하길, 윌리엄 토머스를 오랫동안 알았으나 그를 거의 못 믿을 사람으로 여겼다고 했다. 나는 그전에 그의 직업이 무엇이었는지 전혀 몰랐다. 나중에 알고 보니, 그는 작은 수레를 끌고 집집마다 다니며 생선을 팔았었다. 수레는 얕은 나무상자에 널빤지를 가로로 걸쳐 좌석을 만든 형태였고, 생선은 뒤쪽 짐칸에 실었다. 그는 좁은 좌석에 앉아 수레를 몰았고, 늘 흠씬 취해 집에 돌아갔다. 그러나 집으로 가는 길은 아주 가팔랐고, 그는 언제나 뒤로 자빠져 팔다 남은 생선에 처박혔으며 두 발과 다리는 공중을 향했는데, 그래도 충직한 조랑말이 주인을 참을성 많은 아내에게 무사히 데려다 주었다. 내 친구, 곧 집사님의 아내가 이런 광경을 늘 보았다……. 이제 내 얘기를 계속해야겠다.

어느 주일 오후, 그는 언제나처럼 클럽에 앉아 침울하게 술을 마셨다. 나중에 고백했듯이, 그는 무기력하고 절망적이며 우울한 나머지, 이따금 자신을 괴롭히는 내면의 고통과 두려움을 잊으려고 술을 마셨다. 그날 클럽에서는 사람들이 둘 혹은 셋씩 모여 술을 마시며 얘기를 나누고 있었다. 그때 갑자기 그의 귀에 무슨 말이 들렸다. 옆 테이블의 두 남자 사이에 오가는 대화였다. 처음에는 무심결에 들렸으나 나중에는 귀를 쫑긋하고 들었다.

"더 포워드"라는 말이 "스태퍼드셔 빌"의 귀에 들렸다. "설교자"에 관한 얘기도 들렸다. 그다음에 그의 삶을 송두리째 바꿔 놓은 완전한 문장이 들렸다. 한 사람이 다른 사람에게 말했다. "맞아. 내가 지난 주일 밤에 거기 있었는데, 설교자가 말하길 희망이 없는 사람은 없다는 거야. 누구에게나 희망은 있다고 했어." 나머지 대화는 하나도 귀에 들어오지 않았다. 그러나 빌은 그 한마디에 사로잡혀 정신이 번쩍 들었고, 자신을 향해 말했다. "누구에게나 희망이 있다면, 내게도 희망이 있을 거야! 그 교회에 가서 그 사람이 뭐라고 말하는지 들어 봐야겠어!"

낡은 은시계를 꺼내 시간을 보니, 저녁 예배 시간이었다. 그는 일어나 작은 희망으로 가슴에 쌓인 두려움을 밀어내며 몇백 미터를 걸어 교회로 향했다. 교회 울타리 가운데로 열린 문에 이르자, 2-3분 우두커니 서 있다가 들어갈 용기가 없어 발길을 돌려 집으로 향했다.

그가 다음 주간을 어떻게 보냈을지는 상상에 맡길 뿐이다. 우리가 아는 거라고는 그가 다음 주일 저녁에 성령의 감동에 이끌려 일어나 "더 포워드"로 향했다는 사실뿐이다. 그가 교회당 모퉁이에 이르렀을 때, 노랫소리가 들렸다. 이번에도 문 앞까지 갔다. 그런데 자신이 너무 늦었고 이미 예배가 시작된 게 아닌가! 그는 의기소침하고 이름 모를 두려움에 휩싸여, 이번에도 발길을 돌려 집으로 향했다.

또 한 주가 비참했다. 때로는 절망적이었다. 그러나 그는 옛 길로 돌아갈 생각은 전혀 하지 않았다. 끔찍한 양심의 가책이나 죄로 인한 두려움을 잊으려 술독에 빠지려고 하지도 않았다.

그가 겪는 모든 고통에도 불구하고, 2주 전에 노동자 클럽에서 들었던 한마디가 가슴에 붙여 놓은 작은 불길은 그 무엇도 끌 수 없었다. 어쨌거나, 하나님께서 그의 마음에서 일을 시작하셨고, 그분의 선하심으로 시작하신 일을 그분의 강한 팔이 이루실 터였다(빌 1:6 참조). 그러나 그때 윌리엄 토머스는 이것을 알지 못했다.

세 번째 주일이 밝았고, 그는 다시 교회로 향했다. 이번에도, 그가 어떤 느낌이었고 무엇을 생각했는지는 그저 추측할 따름이다. 그는 교회당 문에 이르렀고, 사람들이 안으로 들어가고 있었다. 하지만 그는 어떻게 해야 할지 몰라 서성였다. 그때 누군가 느닷없이 어깨를 툭 쳤고, 곧바로 익숙하고 활기찬 목소리가 들렸다. 조니 모트였다. 그는 오래전에 잃은 형제를 다시 만난 듯이 반갑게 인사를 건넸고, 잔뜩 놀랐으나 그 놀라움을 아주 훌륭하게 감추었다. 하지만 기쁨은 숨기려 하지 않았다. "빌, 들어가려던 참이지 않았나? 그러면 들어가 내 옆에 앉게."

그 주일 밤에, "스태퍼드셔 빌"은 회심했다. 의심할 여지가 없었다. 그는 "거듭났고", 하나님께서는 그를 "흑암의 권세에서 건져 내사 그의 사랑의 아들의 나라로" 옮기셨으며(골 1:13), 옛것은 지나갔고 모든 것이 새로워졌다(고후 5:17 참조). 그는 설교를 알아들을 수 있었다. 그는 복음을 믿었고, 마음에 큰 기쁨이 넘쳤다. 표정이 확연히 달라졌다. 그의 얼굴이 성인聖人의 얼굴처럼 빛났다.

예배가 끝난 후, 언제나처럼 "애프터 미팅"이 열렸다. 온전히 교인이 되어 함께 교제하길 원하는 사람들이 이러한 바람을 표현할 기회를 주기 위해서였다. 압박은 전혀 없었다. 그러나 그날 밤 초청이 있었을 때 스태퍼드셔 빌은 떨리는 손을 들었고, 나머지 사람들이 하나같이 기뻐하고 즐거워하며 축하했다. 박사는 이렇게 말했다. "토머스 형제님, 일어서세요. 하나님의 은혜가 가장 최근에 어떻게 임했는지 사람들에게 보여주세요." 그는 일어나 그리스도 안에서 우리와 하나가 되었고, 매우 "늙은 아기"가 되었다. 그리고 모든 가정에 갓 태어난 아기가 그렇듯이, 그도 모든 교인에게 더없이 귀한 존재가 되었다.

조니 모트는 스태퍼드셔 빌을 안내해 밖으로 나가는 길에 내 앞을 지나며 말했다. "존스 사모님, 이 친구가 스태퍼드셔 빌입니다." 그때 마치 느닷없이 한 대 얻어맞은 듯이 표정이 일그러지던 그의 모습을 절대 잊지 못할 것이다. 그는 이렇게 말했다. "아니에요. 아니에요. 그건 나쁜 옛사람에게나 맞는 나쁜 이름이에요. 이제 제 이름은 윌리엄 토머스예요." 이런 사람에게 딱 어울리는 이름이었다.[22]

악하게 사는 사람들이 "그리스도 안에서 새사람"이 되는 모습을 많이 보았다. 어떤 사람들은 자신의 변화에, 예전과 전혀 달라진 자신의 모습에 어찌나 크게 놀랐던지, 자신들이 과거에 어떤 죄인이었는지 말하길 아주 좋아했고, 때로는 서로 누가 더 큰 죄인이었는지 다투기까지 했다. 윌리엄 토머스는 전혀 이렇지 않았다. 그는 자신의 과거가 너무나 부끄러웠기에 말하기는 고사하고 생각조차 하지 않으려 했다. 실제로, 나는 그의 기쁨 속에 그가 허비한 세월의 슬픔이 묻어 있음을 자주 느꼈다. 그러나 이제 새로운 삶이 그의 앞에 있었고, 그는 평화롭고 만족했다. 전투는 끝났다. 승리했다.

이제 어떻게 해야 하는가? 전쟁에서 가장 필수적인 작전, 곧 "후속 작전"을 실시해야 한다. 포위되어 저항하는 적을 소탕하고 절대 경계를 늦추지 말아야 한다. 이 작전은 한 번으로 끝나지 않으며, 형태가 다양하고 저항하는 적의 힘도 때때로 다르다. 때로 적이 끝까지 버티면 나약한 병사는, 그의 친구들은 그러지 않더라도, 첫 전투가 실제로 승리로 끝났는지 의심하기도 한다. 한평생 따라다니는 나쁜 습관들, 영적 문제를 가르치고 깨달아야 할 필요성, 가족이나 친구나 직장 동료들이 보이는 단순한 관심 부족에서부터 악의적인 반대까지의 태도, 모든 기회와 환경을 활용해 새로운 생명의 성장을 방해하려는 마귀의 끝없는 공격, 이 모두가 해결해야 하는 거친 저항이다.

윌리엄 토머스는 작은 문제뿐 아니라 큰 방해도 그다지 어려

위하지 않았다. 술을 가차 없이 끊었기에 술 문제를 해결하려 애쓸 필요도 없었다. 그때껏 늘 술과 함께 살아왔는데도 말이다. 사실 그의 삶에서 술이 빠진 날은 드물었다. 낮이든 저녁이든 밤이든, 그가 술에 절어 있지 않을 때가 드물었다. 그러나 회심 후 그는 술 생각이 싹 사라졌고, 그가 그리스도인으로 살아가는 데 술은 전혀 문제가 되지 않았다.

그러나 격하게 싸워야 할 부분들이 있었다. 그 가운데 으뜸은 고약한 말버릇이었다. "스태퍼드셔 빌"은 입이 거칠었다. 어찌나 거칠었던지, 가장 거친 세상 친구들조차 그의 말버릇에 넌더리를 냈다. 그가 늘 외톨이였고, 술을 마실 때도 어울리지 못하고 구석에서 처량하게 혼자 마셨던 데는 이런 이유도 있었다. 그러나 회심하자, 그는 이런 말버릇을 반드시 고쳐야 한다는 것을 깨달았다. 이런 말버릇이 하나님을 욕되게 하고 사람들의 마음을 상하게 하기 때문이었다. 이제 육두문자도 쓰지 말고 나쁜 말도 하지 말아야 했다. 그런데 그가 도저히 감당하지 못할 엄청난 것이 앞을 떡 가로막고 있었다. 육두문자를 쓰지 않고는 말을 하지 못했고, 더럽고 추한 말이 들어가지 않고는 단 한 마디도 입 밖에 낼 수 없었다. 도무지 어찌할 도리가 없었고, 도저히 멈출 수 없었다.

사실, 그는 추한 말을 쏟아 낸 후에야 자신이 무슨 말을 했는지 알아차렸다. 자신의 입술에서 끔찍하고 더러운 말이 흘러나왔다는 사실이 역겹고 부끄러웠으며, 심한 절망과 고통에 빠져들었

다. 그가 이런 문제에서 동료 그리스도인의 도움을 구하지 않았
다는 사실이 이상해 보일는지 모른다. 그러나 그는 너무나 부끄
러웠고, 몇 주 동안 고통에 시달렸으며, 구원이 손 닿을 곳에 있
다고는 꿈에도 생각지 못했다.

이런 일이 있었다. 그가 어느 날 아침에 일어나 옷을 챙겨 입
고 있었다. 그런데 양말이 보이지 않았다. 그는 침실로 달려가 아
내에게 소리쳤다. "이런 ×××, 양말이 없잖아! ×××, 양말 어
디 있는 거야?" 그는 자신이 하는 말을 들으면서, 자신이 방금 무
슨 말을 했는지 깨달았다. 순간 그는 큰 공포에 사로잡혔고, 절망
에 몸부림치며 침대에 풀썩 드러누웠다. 그리고는 소리쳤다. "주
님, 제 혀를 깨끗하게 해주세요. 주님, 저는 욕을 하지 않고는 양
말 하나도 찾아 달라고 하지 못해요. 저를 불쌍히 여기셔서 제 혀
를 깨끗하게 해주세요."

그는 침대에서 일어났을 때, 자신이 스스로 하지 못하는 일
을 하나님께서 자신을 위해 해놓으셨다는 것을 알았다. 하나님께
서 그의 기도를, 그의 애절한 부르짖음을 듣고 응답하셨다. 그의
간증에 따르면, 그는 그 순간부터 세상을 떠날 때까지 추하고 더
러운 말이나 욕을 두 번 다시 입에 담지 않았다. 그는 그다음 수
요일 밤에 교제 모임에서 이 놀라운 구원을 간증했다. 결코 잊지
못할 이야기였다. 그의 얼굴은 눈물로 얼룩졌으나 내적인 기쁨과
경이감으로 빛났고 그의 목소리는 감정에 겨워 떨렸으며, 그의

이야기를 듣는 사람들은 하나같이 마음이 뜨거워졌다.

그는 말을 잘 하는 사람이 아니었다. 나로서는 그가 그 이전이나 이후에 교제 모임에서 말하는 모습을 본 기억이 없다. 그러나 그는 늘 성경의 몇 단어를 익혀 간증 요청을 받을 때면 그 단어를 되풀이해서 사용했다. 그는 특히 시편에 끌렸고, 복음서뿐 아니라 구약성경도 많이 읽었다.

윌리엄 토머스는 유머 감각이 뛰어난 사람이 아니었다. 그는 진중하고 냉정하며 생각이 깊었다. 그러나 그의 입에서 이따금 날카롭고 통찰력 있는 말이 튀어나올 때면, 그가 지성이 없거나 속 빈 사람이 아니라는 게 드러났다.

그는 교제 모임 때면 으레 앞줄에, 박사가 앉아 있는 연단 바로 앞에 앉았다. 얼마 지나지 않아, 그와는 사뭇 다른 사람이 옆에 앉았다. J 형제가 구원에 이르는 복음을 진정으로 깨달았는지는 지금도 모르겠다. 그에게 무슨 일이 일어난 것만은 틀림없었다. 그는 사람들이 회심하고 달라진 모습을 보았을 터인데, 그의 아들도 이러한 회심자였다. 어쩌면 늙어 가면서 미래가 불안하고 두려웠을 터였다. 어쩌면 이상하게 박사에게 존경심이 생겨 그에게 잘 보이고 싶은 마음이 있었는지도 모르겠다. 나는 모르지만, 하나님은 그 마음을 아신다. 씨앗 하나를 심었고 마침내 생명의 징후가 나타나리라는 희망이 여전히 남아 있었다. 그러나 단지 그의 행동과 태도가 크게 좋아졌고, 모든 모임에 꼬박꼬박 참석한다는 것만 빼면, 그때는 아무런 징후도 없었다.

J 형제는 덩치가 작고 피부가 가무칙칙하며 다소 지저분해 보였으나, 머리는 잘 돌아갔고 안 좋은 의미로 유머 감각이 풍부했다. 이런 안 좋은 유머 감각 때문에, 그는 윌리엄 토머스의 삶에 그야말로 골칫거리였다. 그는 모임 때 토머스 옆에 앉아 다른 사람들이 말할 때 빈정거리거나 비꼬았다. 나이 든 성자(윌리엄 토머스)는 하나님의 것들―하나님의 복음, 하나님의 집, 하나님의 모임―을 대하는 이러한 태도를 가만히 참고 있질 못했다. 토머스는 기독교와 관련된 모든 것을 사랑하고 경외하는 태도로 대했다. 그의 기쁨은 지옥을 들여다보고 오직 그리스도 안에 있는 하나님의 사랑이 자신을 그 지옥에서 건져 냈음을 아는 사람만이 알 수 있는 그런 기쁨이었다. 그래서 그는 이런 것들을 가볍게 대하는 태도를 이해하거나 용납하지 못했다.

어느 날 그는 대답을 단단히 준비했다. 그의 오른쪽 귀에 빈정거리는 소리가 들렸다. 그때 박사가 "토머스 형제님, 저희에게 할 말이 있으신가요?"라고 했고, 그러자 빈정거림이 그쳤다. 그는 서두르지 않으면서, 그러나 "눈을 똑바로 쳐다보며" 성경 구절을 인용했다. "미련한 자의 어리석은 것을 따라 대답하지 말라. 두렵건대 너도 그와 같을까 하노라"(잠 26:4). 경우에 딱 맞는 말이었다. 그러나 이 말에 나이 든 J 형제는 발끈했고, 그다음 수요일에도, 이전보다 더 심하지는 않았으나 여전히 빈정거리고 비꼬았다. 그러자 윌리엄 토머스는 경우에 딱 맞는 몇 마디 말로 낮고 굵직하게 응수하더니, 박사를 보며 매주 되풀이하는 구절을 암송했다. "미련한 자의 어리석은 것을 따라 대답하지 말라. 두렵건대 너도 그와 같을까 하노라." 그 후, J 형제는 더 이상 말썽을 피우지 않았다.

존 버니언John Bunyan, 1628-1688의 『천로역정』The Pilgrim's Progress에서, 크리스천은 십자가 아래서 죄의 짐을 벗어 버리고 오래지 않아 무섭고 악하기 이를 데 없는 아폴리온(악마)Apollyon과 맞닥뜨렸다. 우리의 "순례길"도 다르지 않다. 그가 처음으로 성찬식에 참여한 주일이 지나고 그 주간이었다.

윌리엄 토머스는 자신이 교인들과 함께 성찬식에, 주님이 직접 제정하신 사랑의 잔치에 참여한다는 생각이 여러 날 동안 머리에서 떠나지 않았다. 그는 한편으로 기쁨에 넘치고, 한편으로 경외심을 품고 겸손하게 그 주일을 고대했다. 마침내 그 주일이 되었고, 윌리엄 토머스는 소망을 안고 교회 식구들과 함께 주님의 만찬에 참여했다. 많은 사람들이 눈물을 보였고, 나는 아기가 막 걷기 시작할 때 온 가족이 느끼는 행복과 기쁨을 떠올렸다.

그가 집에 앉아 새로운 기쁨과 특권을 생각하고 있을 때였다. 갑자기, 악인의 불화살이 그의 영혼에서 과녁을 찾아냈다. 해가 빛을 잃었고, 그는 필사적으로 싸우고 있었다. 그가 잊고 있던 일이 느닷없이 생각났다. 거의 50년 전 일이었다. 마른하늘에 날

벼락처럼, 그 일이 마음에 수정처럼 선명하게 되살아났다. 그때 그는 청년이었고 선술집에서 술을 마시고 있었다. 토론과 논쟁이 벌어졌고, 그는 점수를 얻으려 주 예수 그리스도를 사생아라고 했다. 이제 모든 기쁨이 사라졌고, 희망도 날아가 버렸다.

그의 영혼의 어두운 밤이었다. 천국 문이 그의 앞에서 꽝 닫혔다. 용서받지 못할 죄였다. 지옥이 턱을 쩍 벌리고는 그를 삼키려 기다리고 있었다. 그는 캄캄한 절망과 깊은 고통 속에서 오랜 시간을 보냈다. "순례자"는 아폴리온 앞에서 상처를 입고 바닥에 쓰러져 피를 흘리고 있었다. 그때 그의 영혼에 한 줄기 희망의 빛이 들어왔다. 희망이라고 하기에는 너무 약했을지도 모르겠다. 어쩌면 이해할 만한 사람에게 자신의 고통을 털어놓고 싶은 간절한 바람이었다고 말하는 게 더 낫겠다.

그날 아침, 매우 이른 시간에 누군가 목사관 문을 두드렸다. 흔치 않은 일이라 박사와 내가 함께 나갔다. 우리가 문을 열었을 때 마주쳤던 광경은 절대 잊지 못할 것 같다.

가련한 윌리엄 토머스는, 그 자신이 느낀 대로 처량하고 희망도 없으며 비참하기 이를 데 없어 보였다. 토머스는 안으로 들어왔고, 그가 박사에게 자신의 측은한 이야기를 털어놓도록 나는 자리를 비켜 주었다. 그가 용서받을 수 있다고 설득하기란 결코 쉽지 않았다. 처음에 그의 눈에는 자신의 엄청난 죄만 보였다. 그러나 박사는 하나님의 말씀을 중심으로 그에게 사랑으로 끈질기게 설명했다. 그가 실제로 용서받을 수 있고, 가증스런 죄도 다른 모든 죄처럼 그리스도의 보혈로 깨끗하게 씻겨 흔적도 없이 사라졌다고 말해 주었다. 이렇게 해서 그는 치유되고 회복되었으며, 그의 영혼의 어두운 밤이 지나갔다. 그의 마음에 평안과 고요가 다시 깃들었다. 그가 이렇듯 더 크게 놓임을 받아 기뻐하고 감사하다 보니, 자신의 구원이 배나 더 귀하게 느껴졌다.

그때 시련이 닥쳤다. 그 시련은 그가 새로운 삶에서 누리는 즐거움을 적잖게 빼앗아 가려 했다. 그리스도인들은 결코 "잔인한 운명의 화살"[23]이 비껴가리라는 약속을 받지 않았다. 하나님께서는 그분의 자녀들이 모든 질병과 고통을 면하리라고 약속하지 않으셨다. 단지 시련 가운데서도 그들과 늘 함께하겠다고 약속하셨을 뿐이다. 윌리엄 토머스는 두 눈에 백내장이 생겼고, 수술을 성공적으로 마친 후에도 글을 읽을 수 없었다.

이것은 쓰라린 타격이었고, 그를 심하게 흔들었다. 그러나 그는 이런 상황을 참고 견뎌 냈는데, 어리기 이를 데 없는 그리스도인으로서는 정말로 놀라운 일이었다. 그는 하나님께 대들지도 않았고 비통해하지도 않았으나 매우, 매우 슬펐다. 모두들 그를 안타깝게 여겼다. 그런데 몇 주 후, 안과 전문의인 나의 친정아버지가 웨스트웨일스로 가는 길에 우리 집에 들렀고, 나는 그의 이야기를 아버지에게 했다. 아버지는 수술이 성공적이었는데도 이런 결과가 나타났다는 데 대해 의아해했으며, 자신이 직접 살펴보겠다고 했다. 아버지가 살펴보니 그의 눈은 완전히 정상이었다. 그래서 아버지는 도수가 좀 더 높은 안경을 쓰면 괜찮을 거라고 확신했다. 아버지가 이렇게 처방을 내렸고, 새 안경이 도착하자 윌리엄 토머스는 그 어느 때만큼이나 아무 어려움 없이 글을 잘 읽을 수 있었다. 그의 기쁨이 회복되었고, 성경은 그에게 훨씬 더 귀한 책이 되었다.

그는 "하늘의 열매를 땅에서" 오래 즐기지 못했다. 어느 주에, 그는 수요 교제 모임에 나오지 못했다. 독감에 걸렸다고 했다. 하루 이틀 후, 박사에게 그가 몹시 아파 예배에 참석하지 못한다는 전갈이 왔다. 박사는 교회 서기 E. T. 리스와 함께 집으로 그를 찾아갔다.

노인은 침대에 비스듬히 누워 있었고, 자그마한 아내가 걱정하며 그를 간호했다. 첫눈에 보더라도 모든 게 분명했다. 가래가 끓는 호흡과 고열이 모든 것을 말해 주고 있었다. 그는 양쪽 폐모두 폐렴을 앓고 있었다. 요즘 같은 치료제가 없던 때였다. 그는 저 멀리 어딘가에 있었으나 우리의 인사와 기도에 반응을 보였다. 그는 더없이 평안해 보였고, 죄악되고 거칠었던 옛 삶의 흔적은 말끔히 사라진 얼굴이 마치 어린아이 같았다.

시간은 흘러 한 시간이 지나고 더 지났다. 그때 힘겨운 호흡에서 나오는 고통스런 소리가 멎은 듯 보였다. 노인의 얼굴이 변하더니 밝게 빛났다. 그는 힘을 다해 일어나 마치 가장 가까운 친구들을 맞듯이 두 팔을 위로 펼치며 아름다운 미소를 지었다. 그리고는 "불멸하는 성도들이 왕 노릇하는 순전한 기쁨의 땅"[24]에 들어갔다. 땅 위의 교회 식구들은 늙은 아기를 잠시 잃었다. 영적으로, 그는 이제 겨우 세 살이었다!

1938년, 샌드필즈를 떠나기란 쉽지 않았다. 주일 밤의 애프터 미팅이 마음에 각인되어 지금도 생생하다. 마틴은 교인들에게 7월 말로 교회를 사임할 거라고 했다. 실감이 나지 않았다. 그 말을 믿을 수 없었다. 그러나 마틴이 들은 부르심은 분명했고 틀릴 리 없었다.

마틴이 샌드필즈에서 11년 반을 사역하는 동안, 그를 청빙하려는 교회들이 적지 않았다. 많은 경우, 그들은 마틴을 어느 정도 압박했고 그에게 샌드필즈를 떠나라고 독려했다. 그러나 마틴은 이런 청빙에 눈곱만큼도 마음을 두지 않았고, 자신의 샌드필즈 사역이 끝나가고 있다는 암시도 주지 않았다. 그러나 이제 그가 제 입으로 말했다. 마치 "셔터가 내려진 것" 같았고, 마틴은 첫 목회지를 떠날 때가 되었음을 알았다. 샌드필즈를 떠나기란 결코 쉽지 않았다.

당시에, 우리는 한 번에 한 걸음씩 인도받는다고 느꼈다. 모든 것이 분명하게 보이지는 않았다. 그러나 믿음으로 뚜벅뚜벅 걸어갔다. 지난 세월을 되돌아보니, 하나님의 인도하심이 지도 위에 그려진 길처럼 더없이 분명하고 필연적이었다. 모든 것이 합력하는 방식에, 특히 마틴에게 주신 신뢰와 황소 같은 믿음에 새삼 놀란다. 우리는 11년 반을 함께한 샌드필즈의 교회 가족을 떠날 때, 웨스트민스터 채플이라는 훨씬 더 큰 교회 가족과 30년 을 함께하리라고는 생각지 못했다.[25] 놀랍게도, 우리가 첫 가족과 함께한 시간은 새로운 가족, 마틴의 이름이 더 일반적으로 연결 되는 가족을 섬기기 위한 준비였던 것으로 드러났다.

바라건대, 이 얇은 책에서 내가 왜 지금까지 샌드필즈 시절 에 대해, 우리가 그곳에서 배운 모든 교훈과 그곳에서 사귄 모든 친구들에 대해 하나님께 감사할 수 있는지 보았으면 한다. 샌드 필즈 시절에 얽힌 몇몇 이야기만 여기에 소개했다. 모든 이야기 를 다하려면 끝이 없을 것이다.

| 주

| 모든 주는 옮긴이의 주이다. 독자의 이해를 돕기 위해 설명이 필요한 부분은 이안 머레이의 『로이드 존스 평전 1 초기 40년(1899-1939)』(부흥과개혁사)과 존 피터스의 『마틴 로이드 존스 평전』(지평서원)을 참조해 주를 달았다.

1 로이드 존스는 17세가 되던 1917년에 런던에 자리한 세인트 바돌로메 병원에서 의학생medical student으로 의학을 공부하기 시작했고, 1921년에 국왕 주치의였던 토머스 호더 경Sir Thomas Hoder의 보조의사 생활을 시작했다. 런던 대학에서 의학박사Medical Doctor 학위를 받고, 왕립 의학협회 회원자격M.R.C.P., Member of the Royal College Physicians을 취득했다.

2 1924년에, 로이드 존스는 자신의 스승 토머스 호더 경의 주선으로 R. L. 세인트 존 함스워스의 의학 연구기금으로부터 장학금을 받았다. 윌리엄 오슬러와 호더 경이 1909년에 처음으로 밝혀 낸, 심장 내막에 박테리아가 감염된 상태인 아급성亞急性 박테리아 심장 내막염을 연구하도록 지원을 받은 것이었다. 이후에 로이드 존스가 심장 전문의로 계속 오해를 받은 것은 이 연구 활동 때문이었다(이안 머레이, 『로이드 존스 평전 1』, 98-99).

3 로이드 존스가 런던에서 출석했으며 칼빈주의 메소디스트 교단에 속했던 채링 크로스 로드 웨일스 채플Charing Cross Road Welsh Chapel의 담임 목사 피터 휴스 그리피스는 "노골적으로 '나에게 시간이 다시 주어진다면 의

사가 되겠네!'라고 말했다"(『로이드 존스 평전 1』, 149).

4 예배 후에 새신자를 소개하고 환영하는 시간이다. '2부 순서'라고 해도 좋겠다. 마땅한 말이 없어 그냥 "애프터 미팅"으로 음역했다.

5 로이드 존스의 아버지 헨리 로이드 존스는 웨일스의 랭게이토에서 잡화상을 운영했으나, 사업이 기울어 캐나다로 이민 갈 계획을 세웠다. 그러나 사정이 여의치 않아, 가족을 데리고 런던으로 이주해 우유 배달업을 시작했다. 그래서 로이드 존스는 의과대학에 다니는 중에도 필요할 때면 새벽에 일어나 우유 배달을 해야 했다(『로이드 존스 평전 1』, 2장).

6 마틴 로이드 존스의 형 해롤드 로이드 존스는 1918년 전염병으로 쓰러져 20세에 세상을 떠났다(『로이드 존스 평전 1』, 92).

7 이 책의 저자 베단 로이드 존스Bethan Lloyd-Jones는 로이드 존스보다 18개월 연상이었고, 그 자신도 유니버시티 칼리지에서 의학을 공부한 의사였다. 그녀의 결혼 전 성姓은 필립스Phillips였는데, 그녀의 아버지 톰 필립스 역시 의사(안과 전문의)였으며, 채링 크로스 로드 웨일스 채플에서 로이드 존스의 주일학교 교사이기도 했다.

8 영국은 잉글랜드, 북아일랜드, 스코틀랜드, 웨일스로 구성되는데, 웨일스는 영국 본 섬(그레이트브리튼)의 서쪽에 위치한 고장으로 수도는 카디프이다.

9 신혼여행에서 돌아온 로이드 존스는 고열에 독감을 앓았고, 이 때문에 예정(1월 26일)보다 늦게(2월 4일) 에버라본에 도착했다(『로이드 존스 평전 1』, 212-213). 그리고 로이드 존스는 "목사는 교인들 가운데서 살고 교인들이 제공하는 것으로 생계를 유지해야 한다는 신념이 너무 강해서 그동안 모아 놓은 돈을 런던을 떠날 때 어머니에게 몽땅 드렸다"(『로이드 존스 평전 1』, 269-270).

10 사실, 이날 로이드 존스 부부는 침실의 가스등 가스가 누출되어 하마터면 죽을 뻔했다(『로이드 존스 평전 1』, 213, 354).

11 램지 맥도널드(1866-1937)는 스코틀랜드 출신이며, 영국 역사상 최초로

노동당 출신 총리를 지냈다.

12 흔히 "전진 운동"으로 번역되는 Forward Movement는 "교회가 없는 지역에 교회를 세워 교단의 쇠락한 영향력을 회복시키려는 목적을 갖고 19세기 말에 사우스웨일스에서 시작되었다"(『로이드 존스 평전 1』, 183). 의사일 뿐 정식 신학교육을 전혀 받지 않았고, 신학교도 졸업하지 않은 로이드 존스는 평신도 설교자의 자격으로 "정식 교회가 아니라 사실상 선교회인 미션 홀"에서 사역을 시작했으며(『로이드 존스 평전 1』, 291), 2년 후에 교단(칼빈주의 메소디스트)에서 목사 안수를 받았다.

13 "매주 남자 성도 가운데 지적 받은—사전 발표 없이—사람이 성경 본문을 읽으면 기도회가 시작되었다."

14 로이드 존스는 이러한 교회 내 토론 문화에 큰 의미를 두고 토론을 중요시 여겼는데, 이것은 그가 런던에 살면서 채링 크로스 로드 웨일스 채플에 출석할 때(1917년), 장차 그의 장인이 된 톰 필립스 박사가 인도하는 주일학교 학급에 들어가 훈련을 받은 영향도 적지 않았다(『로이드 존스 평전』, 89-90).

15 로이드 존스 부인(베단 로이드 존스)는 사전 방문을 전혀 하지 않은 채 남편을 따라 결혼하고 채 한 달도 안 지나 샌드필즈(베들레헴 포워드 무브먼트 교회)로 왔으며, 이를 위해 유니버시티 칼리지 병원의 의사직을 포기했다(『로이드 존스 평전 1』, 212).

16 1914년(미국)과 1919년(영국)에 제작된 무성 영화이다. 유성 영화는 1937년에 개봉했다.

17 E. T. 리스는 샌드필즈 교회의 공식 서기이자 학교 교사였으며, 마틴 로이드 존스의 동역자로서 깊은 우애를 나누었다. 로이드 존스는 출타할 때마다 그에게 편지를 했고, 웨스트민스터 채플로 사역지를 옮긴 후에도 그에게 편지했다.

18 로이드 존스의 첫 목회지인 에버라본은 바닷가였고, 목사관도 바로 바닷

가에 위치했지만, 정작 베단 로이드 존스는 바다를 무서워했다(『로이드 존스 평전 1』, 270).

19 빈센트 로이드 존스는 마틴 로이드 존스의 동생이다.

20 이 셔토퀴 컨퍼런스는 로이드 존스의 캐나다 방문 일정에 없었다. 하지만 강사로 예정된 어느 영국 목사가 갑자기 참석하지 못하게 되어, 로이드 존스가 대타를 맡았다. 그의 강연("목사의 시간") 첫 시간에는 컨퍼런스 참가자 수천 명 가운데 겨우 30명 정도 참석했으나 마지막 시간에는 6,000명을 수용하는 대강당이 거의 들어찼다(『로이드 존스 평전 1』, 471-475).

21 건초, 밀 등의 파종 작물과 옥수수, 토지콩, 목화, 사탕무(조식 작물) 등을 띠 형태로 교차 재배하는 방법이다. 이렇게 하면, 자연적인 댐이 형성되어 토양 유실을 막을 수 있으며, 지력地力을 유지하는 데도 도움이 된다.

22 토머스Thomas는 예수님의 의심 많은 제자 도마의 영어식 이름이다. 의심 많은 도마가 부활한 예수님을 만나고 완전히 달라졌듯이, 스태퍼드셔 빌도 예수님을 만나고 도마처럼 완전히 새사람이 되었다는 뜻이다.

23 "slings and arrows of outrageous fortune." 셰익스피어의 희곡 『햄릿』에 나오는 대사.

24 "land of pure delight where saints immortal reign." 아이작 와츠Isaac Watts, 1674-1748가 쓴 찬송시에 나오는 구절.

25 마틴 로이드 존스는 1939년 7월에 샌드필즈 교회를 사임한 후, 런던에 자리한 웨스트민스터 채플에서 캠벨 모건과 공동 목회자로 함께 사역했다. 그러나 이것은 6개월 동안 주일 설교의 절반만 맡는 한시적인 파트타임 사역이었으며(『로이드 존스 평전 1』, 569), 로이드 존스는 샌드필즈를 떠나기 전부터 사우스웨일스 총회의 적극적인 추천으로 그가 속한 교단(칼빈주의 메소디스트) 신학교인 발라 신학 대학의 유력한 차기 학장 후보에 올라 있었다. 그러나 노스웨일스 총회는 로이드 존스가 정규 신학 교육을 받지 않았다는 등의 이유로 그의 학장 선임을 반대했다(앞의 책,

588). 로이드 존스는 1939년 4월에 웨스트민스터 채플에서 캠벨 모건과 함께 사역하다가 1943년 캠벨 모건이 은퇴하면서 단독 목회자가 되었고, 1968년에 은퇴했다(존 피터스, 『마틴 로이드 존스 평전』, 11-12).